Der Mann der zu viel wusste

GK Chesterton

Writat

Diese Ausgabe erschien im Jahr 2023

ISBN: 9789359253190

Herausgegeben von
Writat
E-Mail: info@writat.com

Nach unseren Informationen ist dieses Buch gemeinfrei.
Dieses Buch ist eine Reproduktion eines wichtigen historischen Werkes. Alpha
Editions verwendet die beste Technologie, um historische Werke in der gleichen
Weise zu reproduzieren, wie sie erstmals veröffentlicht wurden, um ihre
ursprüngliche Natur zu bewahren. Alle sichtbaren Markierungen oder Zahlen
wurden absichtlich belassen, um ihre wahre Form zu bewahren.

Inhalt

I. DAS GESICHT IM ZIEL

Harold March, der aufstrebende Rezensent und Gesellschaftskritiker, marschierte energisch über eine große Hochebene aus Mooren und Allmende, deren Horizont von den fernen Wäldern des berühmten Anwesens Torwood Park gesäumt war. Er war ein gutaussehender junger Mann in Tweed, mit sehr hellem, lockigem Haar und hellen, klaren Augen. Als er in Wind und Sonne durch die Landschaft der Freiheit wandelte, war er noch jung genug, um sich an seine Politik zu erinnern und nicht nur zu versuchen, sie zu vergessen. Denn sein Auftrag im Torwood Park war ein politischer; Es war der Ort der Ernennung, der von keinem geringeren als dem Schatzkanzler Sir Howard Horne benannt wurde, der damals seinen sogenannten sozialistischen Haushalt vorstellte und sich darauf vorbereitete, ihn in einem Interview mit einem so vielversprechenden Schriftsteller darzulegen. Harold March gehörte zu den Menschen, die alles über Politik, aber nichts über Politiker wussten. Er wusste auch viel über Kunst, Literatur, Philosophie und allgemeine Kultur; tatsächlich über fast alles, außer über die Welt, in der er lebte.

Plötzlich stieß er mitten in dieser sonnigen und windigen Ebene auf eine Art Spalte, die fast schmal genug war, um von einem Riss im Land gesprochen zu werden. Es war gerade groß genug, um als Wasserlauf für einen kleinen Bach zu dienen, der in regelmäßigen Abständen unter grünen Tunneln aus Unterholz verschwand, wie in einem Zwergenwald. Tatsächlich hatte er das seltsame Gefühl, als wäre er ein Riese, der über das Tal der Pygmäen blickte. Als er jedoch in die Mulde fiel, verlor sich der Eindruck; Die felsigen Ufer waren zwar kaum höher als eine Hütte, hingen aber über und hatten das Profil eines Abgrunds. Als er begann, in müßiger, aber romantischer Neugier den Bachlauf hinunterzuwandern und das Wasser in kurzen Streifen zwischen den großen grauen Felsbrocken und Büschen glänzen sah, die so weich waren wie große grüne Moose, verfiel er in eine völlig entgegengesetzte Richtung der Fantasie. Es war eher, als hätte sich die Erde geöffnet und ihn in eine Art Unterwelt der Träume verschluckt. Und als ihm eine menschliche Gestalt bewusst wurde, die sich dunkel vor dem silbernen Bach abhob, die auf einem großen Felsbrocken saß und eher wie ein großer Vogel aussah, geschah dies vielleicht mit einigen Vorahnungen, die einem Mann eigen sind, der die seltsamste Freundschaft seines Lebens trifft.

Der Mann war offenbar beim Angeln; oder war zumindest mit mehr als der Unbeweglichkeit eines Fischers in der Haltung eines Fischers verankert. March konnte den Mann fast so untersuchen, als wäre er einige Minuten lang eine Statue gewesen, bevor die Statue sprach. Er war ein großer, blonder

Mann, hager und ein wenig nachlässig, mit schweren Augenlidern und einer hohen Nase. Als sein Gesicht von seinem breiten weißen Hut beschattet wurde, verliehen ihm sein heller Schnurrbart und seine geschmeidige Figur ein jugendliches Aussehen. Aber der Panama lag neben ihm im Moos; und der Zuschauer konnte sehen, dass seine Stirn vorzeitig kahl war; und dies, gepaart mit einer gewissen Hohlheit um die Augen, vermittelte den Eindruck von Kopfzerbrechen und sogar Kopfschmerzen. Aber das Merkwürdigste an ihm, das sich nach kurzer Betrachtung herausstellte, war, dass er zwar wie ein Fischer aussah, aber nicht fischte.

Er hielt statt einer Angel etwas in der Hand, das wie ein Kescher hätte aussehen können, den manche Fischer benutzen, das aber viel mehr dem gewöhnlichen Spielzeugnetz ähnelte, das Kinder bei sich tragen und das sie im Allgemeinen gleichgültig für Garnelen oder Schmetterlinge verwenden. Er tauchte dies von Zeit zu Zeit ins Wasser, betrachtete ernsthaft die Ernte von Unkraut oder Schlamm und leerte es wieder aus.

„Nein, ich habe nichts gefangen", bemerkte er ruhig, als würde er eine unausgesprochene Frage beantworten. „Wenn ich das tue, muss ich es wieder zurückwerfen; vor allem die großen Fische. Aber einige der kleinen Biester interessieren mich, wenn ich sie bekomme ."

„Ein wissenschaftliches Interesse, nehme ich an?" März beobachtet.

„Eher amateurhafter Art, fürchte ich", antwortete der seltsame Fischer. „Ich habe eine Art Hobby für das, was man ‚Phänomene der Phosphoreszenz' nennt." Aber es wäre ziemlich umständlich, mit stinkenden Fischen in der Gesellschaft herumzulaufen."

„Das nehme ich an", sagte March mit einem Lächeln.

„Eher seltsam, einen Salon mit einem großen leuchtenden Kabeljau zu betreten", fuhr der Fremde auf seine lustlose Art fort. „Wie urig wäre es, wenn man es wie eine Laterne herumtragen oder kleine Sprotten als Kerzen haben könnte. Einige der Meerestiere wären wirklich sehr hübsch wie Lampenschirme; die blaue Meeresschnecke, die überall wie Sternenlicht glitzert; und einige der roten Seesterne leuchten wirklich wie rote Sterne. Aber natürlich suche ich sie hier nicht."

März überlegte, ihn zu fragen, wonach er suchte; Aber da er sich einer technischen Diskussion, die mindestens so tiefgreifend war wie die Tiefseefische, nicht gewachsen fühlte, wandte er sich wieder alltäglicheren Themen zu.

„Das ist ein herrliches Loch", sagte er. „Dieses kleine Tal und dieser kleine Fluss hier. Es ist wie an den Orten, von denen Stevenson spricht, an denen etwas passieren sollte."

„Ich weiß", antwortete der andere. „Ich denke, das liegt daran, dass der Ort selbst sozusagen zu passieren scheint und nicht nur zu existieren scheint. Vielleicht versuchen der alte Picasso und einige der Kubisten das durch Winkel und gezackte Linien auszudrücken. Betrachten Sie diese Mauer wie niedrige Klippen, die genau im rechten Winkel zum Rasenhang nach vorne ragen, der sich dorthin erstreckt. Das ist wie eine stille Kollision. Es ist wie eine Brandung und der Rückschlag einer Welle."

March blickte auf den niedrigen Felsen, der über den grünen Hang hinausragte, und nickte. Er interessierte sich für einen Mann, der so leicht von den technischen Aspekten der Wissenschaft zu denen der Kunst überging; und fragte ihn, ob er die neuen kantigen Künstler bewundere.

„Meiner Meinung nach sind die Kubisten nicht kubistisch genug", antwortete der Fremde. „Ich meine, sie sind nicht dick genug. Indem sie die Dinge mathematisch machen, machen sie sie dünn. Nehmen Sie die lebendigen Linien aus dieser Landschaft heraus, vereinfachen Sie sie im rechten Winkel und verflachen Sie sie zu einem bloßen Diagramm auf Papier. Diagramme haben ihre eigene Schönheit; aber es ist genau die andere Art. Sie stehen für die unabänderlichen Dinge; die ruhige, ewige, mathematische Art von Wahrheiten; was jemand das ‚weiße Strahlen' nennt –"

Er hielt inne, und bevor das nächste Wort kam, war etwas fast zu schnell und vollständig geschehen, als dass man es hätte merken können. Hinter dem überhängenden Felsen ertönte ein Geräusch und Rauschen wie bei einem Eisenbahnzug; und ein tolles Auto erschien. Es ragte auf dem Kamm einer Klippe empor, schwarz vor der Sonne, wie ein Schlachtwagen, der in einem wilden Epos in die Zerstörung rast. März streckte automatisch seine Hand in einer vergeblichen Geste aus, als wollte er eine herunterfallende Teetasse in einem Wohnzimmer auffangen.

Für den Bruchteil eines Blitzes schien es wie ein fliegendes Schiff den Felsvorsprung zu verlassen; Dann schien sich der Himmel wie ein Rad zu drehen, und inmitten der hohen Gräser lag eine Ruine, von der eine graue Rauchlinie langsam in die stille Luft aufstieg. Etwas tiefer lag die Gestalt eines Mannes mit grauem Haar, der den steilen grünen Abhang hinuntergestürzt war, seine Gliedmaßen lagen wild da und sein Gesicht war abgewandt.

Der exzentrische Fischer warf sein Netz aus und ging schnell auf die Stelle zu, sein neuer Bekannter folgte ihm. Als sie näher kamen, schien es eine Art ungeheure Ironie zu sein, dass die tote Maschine immer noch so geschäftig pochte und donnerte wie eine Fabrik, während der Mann so still lag.

Er war zweifellos tot. Das Blut floss im Gras aus einem hoffnungslos tödlichen Bruch am Hinterkopf; aber das Gesicht, das der Sonne zugewandt war, war unversehrt und in sich seltsam faszinierend. Es war einer dieser Fälle von einem fremden Gesicht, das so unverkennbar war, dass es einem vertraut vorkam. Wir haben irgendwie das Gefühl, dass wir es anerkennen sollten, auch wenn wir es nicht tun. Es war von der breiten, quadratischen Art mit großen Kiefern, fast wie das eines hochintellektuellen Affen; der breite Mund war so fest geschlossen, dass nur noch eine Linie zu erkennen war; Die Nase ist kurz und die Art von Nasenlöchern scheint vor lauter Lufthunger zu öffnen. Das Seltsamste an dem Gesicht war, dass eine der Augenbrauen in einem viel schärferen Winkel nach oben gezogen war als die andere. March dachte, er hätte noch nie ein Gesicht gesehen, das so natürlich und lebendig war wie dieses tote. Und seine hässliche Energie kam ihm umso seltsamer vor als sein Kranz aus graugrauem Haar. Einige Papiere lagen halb herausgefallen in der Tasche, und März zog ein Kartenetui daraus hervor. Er las den Namen auf der Karte laut vor.

„Sir Humphrey Turnbull. Ich bin mir sicher, dass ich diesen Namen schon einmal gehört habe."

Sein Begleiter seufzte nur leicht und schwieg einen Moment, als würde er grübeln, dann sagte er nur: „Der arme Kerl ist ganz weg" und fügte einige wissenschaftliche Begriffe hinzu, in denen sein Zuhörer wieder einmal nicht weiterkam seine Tiefe.

„So wie die Dinge liegen", fuhr dieselbe seltsam gut informierte Person fort, „wird es für uns legaler sein, die Leiche so zu lassen, wie sie ist, bis die Polizei informiert wird." Tatsächlich denke ich, dass es gut wäre, wenn außer der Polizei niemand informiert wird. Seien Sie nicht überrascht, wenn ich den Eindruck erwecke, dass es einigen unserer Nachbarn hier verborgen bleibt." Dann sagte er, als ob er dazu aufgefordert wäre, seine ziemlich plötzliche Zuversicht zu regulieren: „Ich bin heruntergekommen, um meinen Cousin in Torwood zu besuchen ; Mein Name ist Horne Fisher. Könnte doch ein Wortspiel darüber sein, wie ich hier herumtreibe, oder?"

„Ist Sir Howard Horne Ihr Cousin?" fragte März. „Ich gehe nach Torwood Park, um ihn selbst zu sehen; Natürlich nur über seine öffentliche Arbeit und den wunderbaren Standpunkt, den er für seine Prinzipien vertritt. Ich denke, dieser Haushalt ist das Größte in der englischen Geschichte. Wenn es scheitert, wird es der heroischste Misserfolg in der englischen Geschichte sein. Sind Sie ein Bewunderer Ihres großen Verwandten, Mr. Fisher?"

„Eher", sagte Herr Fisher. „Er ist der beste Schütze, den ich kenne."

Dann fügte er mit einer Art Begeisterung hinzu, als würde er seine Lässigkeit aufrichtig bereuen:

„Nein, aber wirklich, er ist ein *wunderschöner* Schütze."

Als wäre er von seinen eigenen Worten angefeuert worden, machte er eine Art Sprung auf die Felsvorsprünge über ihm und erklomm sie mit einer plötzlichen Gewandtheit, die in erschreckendem Kontrast zu seiner allgemeinen Mattigkeit stand. Er hatte einige Sekunden lang oben auf der Landzunge gestanden, sein Adlerprofil unter dem Panamahut gegen den Himmel abhebend, und über die Landschaft spähend, bevor sein Begleiter sich genug gesammelt hatte, um hinter ihm herzuklettern.

Die Ebene darüber war ein Stück Rasen, auf dem die Spuren des schicksalhaften Wagens deutlich sichtbar waren; aber der Rand war zerbrochen wie von felsigen Zähnen; Am Rand lagen zerbrochene Felsbrocken aller Formen und Größen. Es war fast unglaublich, dass jemand absichtlich in eine solche Todesfalle geraten konnte, besonders am helllichten Tag.

„Ich kann mir keinen Reim darauf machen“, sagte March. „War er blind? Oder blind betrunken?“

„Wie er aussieht, auch nicht“, antwortete der andere.

„Dann war es Selbstmord.“

„Das scheint keine gemütliche Art zu sein“, bemerkte der Mann namens Fisher. „Außerdem glaube ich nicht, dass der arme alte Puggy irgendwie Selbstmord begehen würde.“

„Armer alter wer?“ fragte der verwunderte Journalist. „Kannten Sie diesen unglücklichen Mann?“

„Niemand kannte ihn genau“, antwortete Fisher etwas vage. „Aber man *kannte* ihn natürlich. Er war zu seiner Zeit ein Schrecken gewesen, im Parlament, bei den Gerichten und so weiter; Besonders in dem Streit über die als unerwünscht deportierten Außerirdischen, als er wollte, dass einer von ihnen wegen Mordes gehängt wurde. Es ging ihm so schlecht, dass er sich von der Bank zurückzog. Seitdem fuhr er größtenteils alleine herum ; aber er würde auch übers Wochenende nach Torwood kommen ; und ich verstehe nicht, warum er sich fast an der Tür absichtlich das Genick brechen sollte. Ich glaube, Hoggs – ich meine meinen Cousin Howard – war extra hergekommen, um ihn zu treffen.“

„ Torwood Park gehört nicht deinem Cousin?“ erkundigte sich März.

"NEIN; Es gehörte früher den Winthrops , wissen Sie“, antwortete der andere. „Jetzt hat es ein neuer Mann ; ein Mann aus Montreal namens Jenkins. Hoggs kommt zur Schießerei; Ich habe dir gesagt, dass er ein toller Schütze war.“

Diese wiederholte Lobrede auf den großen Sozialstaatsmann wirkte auf Harold March, als hätte jemand Napoleon als einen herausragenden Nickerchenspieler bezeichnet. Aber er hatte noch einen weiteren halbfertigen Eindruck, der in dieser Flut unbekannter Dinge zu kämpfen hatte, und er brachte ihn an die Oberfläche, bevor er verschwinden konnte.

„Jenkins", wiederholte er. „Sie meinen doch sicher nicht Jefferson Jenkins, den Sozialreformer? Ich meine den Mann, der für das neue Cottage-Anwesen-Programm kämpft. Es wäre genauso interessant, ihn zu treffen wie jeden anderen Kabinettsminister auf der Welt, wenn Sie mir das sagen müssen."

"Ja; Hoggs sagte ihm, dass es Cottages sein müssten", sagte Fisher. „ Er sagte, die Rinderrasse habe sich zu oft verbessert und die Leute fingen an zu lachen. Und natürlich muss man einen Adelstitel an etwas festhalten; obwohl der arme Kerl es noch nicht hat. Hallo, hier ist noch jemand."

Sie begannen, in den Spuren des Autos zu laufen und ließen es in der Senke zurück, immer noch schrecklich summend wie ein riesiges Insekt, das einen Mann getötet hatte. Die Gleise führten sie bis zur Straßenecke, deren einer Arm in derselben Linie zu den entfernten Toren des Parks führte. Es war klar, dass das Auto die lange, gerade Straße hinuntergefahren war und dann, anstatt mit der Straße nach links abzubiegen, geradeaus über den Rasen in sein Verderben gefahren war. Aber es war nicht diese Entdeckung, die Fishers Aufmerksamkeit gefesselt hatte, sondern etwas noch Belastbareres. An der Ecke der weißen Straße stand eine dunkle, einsame Gestalt, fast so reglos wie ein Wegweiser. Es handelte sich um einen großen Mann in grober Schießkleidung, ohne Kopf und mit zerzaustem, lockigem Haar, das ihm ein ziemlich wildes Aussehen verlieh. Bei näherer Annäherung verblasste dieser erste, phantastischere Eindruck; Bei vollem Licht nahm die Figur konventionellere Farben an, wie bei einem gewöhnlichen Herrn, der zufällig ohne Hut und ohne sorgfältiges Haarekämmen herauskam. Aber die gewaltige Statur blieb bestehen, und etwas Tiefgründiges und sogar Höhlenartiges an der Stellung seiner Augen hob sein tierisches gutes Aussehen vom Alltäglichen ab. Aber March hatte keine Zeit, den Mann genauer zu betrachten, denn zu seinem großen Erstaunen bemerkte sein Führer lediglich: „Hallo, Jack!" und ging an ihm vorbei, als wäre er tatsächlich ein Wegweiser gewesen, und ohne den Versuch zu machen, ihn über die Katastrophe hinter den Felsen zu informieren. Es war eine relativ kleine Sache, aber es war nur der erste einer Reihe einzigartiger Possen, zu denen sein neuer und exzentrischer Freund ihn anführte.

Der Mann, an dem sie vorbeigekommen waren, blickte ihnen eher misstrauisch nach, aber Fisher setzte seinen Weg gelassen auf der geraden Straße fort, die an den Toren des großen Anwesens vorbeiführte.

„Das ist John Burke, der Reisende", ließ er sich zu einer Erklärung herab. „Ich gehe davon aus, dass Sie von ihm gehört haben. schießt Großwild und so. Tut mir leid, dass ich nicht aufhören konnte, dich vorzustellen, aber ich wage zu behaupten, dass du ihn später noch treffen wirst."

„Ich kenne sein Buch natürlich", sagte March mit erneutem Interesse. „Das ist sicherlich eine schöne Beschreibung, dass sie sich der Nähe des Elefanten erst bewusst waren, als der kolossale Kopf den Mond verdeckte."

„Ja, der junge Halkett schreibt meiner Meinung nach sehr gut. Was? Wussten Sie nicht, dass Halkett Burkes Buch für ihn geschrieben hat? Burke kann nichts außer einer Waffe benutzen; und damit kann man nicht schreiben. Oh, er ist auf seine Art echt genug, wissen Sie, so mutig wie ein Löwe, oder nach allem, was man hört, um einiges mutiger."

„Sie scheinen alles über ihn zu wissen", bemerkte March mit einem ziemlich verwirrten Lachen, „und über viele andere Leute."

Fishers kahle Stirn zog sich plötzlich in Falten. und in seinen Augen erschien ein neugieriger Ausdruck.

„Ich weiß zu viel", sagte er. „Das ist es, was mit mir los ist. Darum geht es uns allen und der ganzen Show; wir wissen zu viel. Zu viel voneinander; zu viel über uns selbst. Deshalb interessiere ich mich gerade wirklich für eine Sache, die ich nicht weiß."

"Und das ist?" fragte der andere.

„Warum dieser arme Kerl tot ist."

Sie waren fast eine Meile lang die gerade Straße entlanggegangen und hatten sich in Abständen auf diese Weise unterhalten; und March hatte das einzigartige Gefühl, dass die ganze Welt auf den Kopf gestellt wurde. Herr Horne Fisher beschimpfte seine Freunde und Verwandten in der vornehmen Gesellschaft nicht besonders; von einigen von ihnen sprach er mit Zuneigung. Aber es schien sich um eine völlig neue Gruppe von Männern und Frauen zu handeln, die zufällig die gleichen Nerven hatten wie die Männer und Frauen, die in den Zeitungen am häufigsten erwähnt wurden. Doch keine Wut der Revolte hätte ihm völlig revolutionärer vorkommen können als diese kalte Vertrautheit. Es war wie Tageslicht auf der anderen Seite der Bühnenkulisse.

Sie erreichten die großen Tore des Parks, passierten sie zu Marchs Überraschung und folgten der endlosen weißen, geraden Straße weiter. Aber er selbst war zu früh für seinen Termin bei Sir Howard und war nicht abgeneigt, das Ende des Experiments seines neuen Freundes mitzuerleben, wie auch immer es aussehen würde. Sie hatten das Moorland längst hinter sich gelassen, und die Hälfte der weißen Straße lag grau im großen Schatten

der Torwood- Kiefernwälder, die selbst wie graue Gitterstäbe wirkten, die
vor der Sonne geschützt waren, und in denen inmitten dieses klaren Mittags
ihre eigene Mitternacht entstand. Bald jedoch begannen sich in ihnen Risse
zu zeigen, die wie das Aufblitzen farbiger Fenster aussahen; Die Bäume
wurden dünner und fielen ab, je weiter die Straße weiterführte, und zeigten
die wilden, unregelmäßigen Gehölze , in denen, wie Fisher sagte, den ganzen
Tag die Hausparty in Flammen gestanden hatte. Und etwa zweihundert
Meter weiter kamen sie an die erste Straßenbiegung.

An der Ecke stand eine Art heruntergekommenes Gasthaus mit dem
schäbigen Schild „The Grapes". Das Schild war inzwischen dunkel und nicht
mehr zu entziffern und hing schwarz vor dem Himmel und der grauen
Moorlandschaft dahinter, etwa so einladend wie ein Galgen . March
bemerkte, dass es wie eine Taverne aussah, in der es Essig statt Wein gab.

„Ein guter Satz", sagte Fisher, „und das wäre es auch, wenn Sie dumm
genug wären, darin Wein zu trinken. Aber das Bier ist sehr gut und der
Brandy auch."

März folgte ihm mit einiger Verwunderung in die Barstube, und sein
schwaches Gefühl des Abscheus wurde nicht durch den ersten Anblick des
Gastwirts verwischt, der ganz anders war als die freundlichen Gastwirte der
Romantik, ein knochiger Mann, sehr schweigsam hinter einem schwarzen
Schnurrbart, aber mit schwarzen, unruhigen Augen. So schweigsam er auch
war, dem Ermittler gelang es schließlich, ihm eine kleine Information zu
entlocken, indem er Bier bestellte und ihn beharrlich und genau auf das
Thema Automobile ansprach. Offensichtlich betrachtete er den Gastwirt in
gewisser Weise als eine Autorität auf dem Gebiet der Automobile; als tief in
die Geheimnisse der Mechanik, des Managements und des
Missmanagements von Kraftfahrzeugen eingetaucht; Er hielt den Mann die
ganze Zeit mit einem glitzernden Auge fest wie der alte Seemann. Aus all
diesem ziemlich mysteriösen Gespräch ging schließlich eine Art
Eingeständnis hervor, dass ein bestimmtes Auto einer bestimmten Art etwa
eine Stunde zuvor vor dem Gasthaus angehalten hatte und dass ein älterer
Mann ausgestiegen war und mechanische Hilfe benötigte. Auf die Frage, ob
der Besucher noch weitere Hilfe benötige, antwortete der Gastwirt kurz, dass
der alte Herr seine Flasche gefüllt und ein Päckchen Sandwiches
mitgenommen habe. Und mit diesen Worten war der etwas unwirtliche Wirt
hastig aus der Bar gegangen, und sie hörten, wie er im dunklen Innenraum
Türen zuschlug.

Fishers müdes Auge wanderte durch die staubige und trostlose Gaststube
und ruhte verträumt auf einer Vitrine mit einem ausgestopften Vogel, über
dem an Haken eine Waffe hing, die der einzige Schmuck zu sein schien.

„Puggy war ein Humorist", bemerkte er, „zumindest in seinem eher düsteren Stil. Aber es scheint ein ziemlich düsterer Witz zu sein, als dass ein Mann eine Packung Sandwiches kaufen würde, wenn er gerade dabei ist, Selbstmord zu begehen."

„Wenn man so weit kommt", antwortete March, „ist es nicht sehr üblich, dass ein Mann eine Packung Sandwiches kauft, wenn er gerade vor der Tür eines prächtigen Hauses steht, bei dem er vorbeischauen will."

"NEIN . . . Nein", wiederholte Fisher fast mechanisch; und dann blickte er seinen Gesprächspartner plötzlich mit viel lebhafterem Gesichtsausdruck an.

"Von Jove! Das ist eine Idee. Du hast völlig recht. Und das lässt auf eine sehr seltsame Idee schließen, nicht wahr?"

Es herrschte Stille, und dann begann March mit irrationaler Nervosität, als die Tür des Gasthauses aufgerissen wurde und ein anderer Mann schnell zur Theke ging. Er hatte mit einer Münze darauf geschlagen und nach Brandy gerufen, bevor er die beiden anderen Gäste sah, die an einem kahlen Holztisch unter dem Fenster saßen. Als er sich mit einem ziemlich wilden Blick umdrehte, hatte March ein weiteres unerwartetes Gefühl, denn sein Führer begrüßte den Mann als Hoggs und stellte ihn als Sir Howard Horne vor.

Er sah etwas älter aus als seine jungenhaften Porträts in den illustrierten Zeitungen, wie es für Politiker üblich ist; Sein glattes, blondes Haar hatte einen Hauch von Grau, aber sein Gesicht war fast komisch rund und hatte eine römische Nase, die in Kombination mit seinen schnellen, hellen Augen eine vage Erinnerung an einen Papagei hervorrief. Er trug eher eine Mütze am Hinterkopf und eine Waffe unter dem Arm. Harold March hatte sich viele Dinge über sein Treffen mit dem großen politischen Reformer vorgestellt, aber er hatte sich nie vorgestellt, wie er mit einer Waffe unter dem Arm Brandy in einem Gasthaus trank.

„ Du hörst also auch bei Jink's auf", sagte Fisher. „Alle scheinen bei Jink zu sein."

„Ja", antwortete der Finanzminister. „Sehr gutes Schießen. Zumindest alles, was nicht Jinks Schießerei ist. Ich habe noch nie jemanden erlebt, der so gut geschossen hat und so schlecht geschossen hat. Wohlgemerkt, er ist ein wirklich netter Kerl und so; Ich sage kein Wort gegen ihn. Aber er hat nie gelernt, eine Waffe zu halten, wenn er Schweinefleisch verpackte oder was auch immer er tat. Man sagt, er habe die Kokarde vom Hut seines eigenen Dieners abgeschossen; genau wie er, natürlich, Kokarden zu haben. Er schoss den Wetterhahn von seinem eigenen lächerlichen vergoldeten

Sommerhaus ab. Es ist der einzige Schwanz, den er jemals töten wird, sollte ich denken. Kommst du jetzt da hoch?"

Fisher sagte ziemlich vage, dass er bald folgen würde, wenn er etwas in Ordnung gebracht hätte; und der Schatzkanzler verließ das Gasthaus. March meinte, er sei ein wenig verärgert oder ungeduldig gewesen, als er nach dem Brandy rief; aber er hatte sich selbst wieder in einen zufriedenstellenden Zustand gebracht, wenn das Gespräch nicht ganz das gewesen wäre, was sein literarischer Besucher erwartet hatte. Ein paar Minuten später ging Fisher langsam voran aus der Taverne, blieb mitten auf der Straße stehen und blickte in die Richtung, aus der sie gekommen waren. Dann ging er etwa zweihundert Meter in diese Richtung zurück und blieb wieder stehen.

„Ich sollte denken, dass es hier um den Ort geht", sagte er.

"Welcher Ort?" fragte sein Begleiter.

„Der Ort, an dem der arme Kerl getötet wurde", sagte Fisher traurig.

"Wie meinst du das?" forderte März.

„Er wurde anderthalb Meilen von hier entfernt auf den Felsen zerschmettert."

„Nein, das war er nicht", antwortete Fisher. „Er ist überhaupt nicht auf die Felsen gefallen. Ist Ihnen nicht aufgefallen, dass er nur auf den Hang mit weichem Gras darunter gefallen ist? Aber ich habe gesehen, dass er bereits eine Kugel in sich hatte."

Dann fügte er nach einer Pause hinzu:

„Er lebte im Gasthaus, aber er war tot, lange bevor er zu den Felsen kam. Also wurde er erschossen, als er mit seinem Auto diesen Streifen gerader Straße hinunterfuhr, und ich sollte irgendwo darüber nachdenken. Danach fuhr das Auto natürlich geradeaus weiter, ohne dass jemand anhielt oder wendete. Auf seine Art ist es wirklich ein sehr raffinierter Trick; denn die Leiche würde weit entfernt gefunden werden, und die meisten Leute würden wie Sie sagen, dass es sich um einen Unfall eines Autofahrers handelte. Der Mörder muss ein kluger Kerl gewesen sein."

„Aber wäre der Schuss nicht im Gasthaus oder irgendwo zu hören?" fragte März.

„Es würde gehört werden. Aber es würde nicht auffallen. „Da", fuhr der Ermittler fort, „hat er sich wieder einmal schlau gemacht. Überall wurde den ganzen Tag geschossen; sehr wahrscheinlich hat er seinen Schuss so getimt, dass er ihn in einer Reihe anderer übertönte. Sicherlich war er ein erstklassiger Verbrecher. Und er war auch etwas anderes."

"Wie meinst du das?" fragte sein Begleiter mit einer unheimlichen Vorahnung, dass etwas kommen würde, er wusste nicht warum.

„Er war ein erstklassiger Schütze", sagte Fisher. Er hatte sich abrupt umgedreht und ging einen schmalen, grasbewachsenen Weg entlang, kaum mehr als ein Karrenweg, der gegenüber dem Gasthaus lag und das Ende des großen Anwesens und den Beginn der offenen Heide markierte. März trottete ihm mit der gleichen müßigen Beharrlichkeit hinterher und fand ihn dabei, wie er durch eine Lücke zwischen riesigem Unkraut und Dornen auf die flache Seite eines bemalten Lattenzauns starrte. Hinter dem Zaun ragten die großen grauen Säulen einer Pappelreihe hervor, die den Himmel über ihnen mit dunkelgrünen Schatten füllten und leicht im Wind zitterten, der sich langsam in eine Brise verwandelt hatte. Der Nachmittag ging bereits in den Abend über, und die gigantischen Schatten der Pappeln erstreckten sich über ein Drittel der Landschaft.

„Sind Sie ein erstklassiger Krimineller?" fragte Fisher freundlich. „Ich fürchte, das ist nicht der Fall. Aber ich denke, dass ich es schaffen kann, eine Art Einbrecher viertklassigen Typs zu sein."

Und bevor sein Begleiter antworten konnte, hatte er es geschafft, sich über den Zaun zu schwingen; Der März folgte ohne große körperliche Anstrengung, aber mit erheblichen geistigen Störungen. Die Pappeln wuchsen so dicht am Zaun, dass sie kaum daran vorbeischlüpfen konnten, und hinter den Pappeln konnten sie nur eine hohe Lorbeerhecke sehen, grün und glänzend in der strahlenden Sonne. Etwas an dieser Begrenzung durch eine Reihe lebender Wände gab ihm das Gefühl, als würde er tatsächlich ein zerstörtes Haus und nicht ein offenes Feld betreten. Es war, als käme er durch eine unbenutzte Tür oder ein unbenutztes Fenster herein und stellte fest, dass der Weg durch Möbel blockiert war. Als sie die Lorbeerhecke umgangen hatten, kamen sie auf eine Art Rasenterrasse, die über eine grüne Stufe zu einem länglichen Rasen abfiel, der einem Bowlinggrün ähnelte. Dahinter war das einzige Gebäude in Sichtweite, ein niedriger Wintergarten, der weit weg von allem wirkte, wie ein gläsernes Häuschen, das auf seinen eigenen Feldern im Märchenland stand. Fisher kannte das einsame Aussehen der Randbereiche eines großen Hauses nur allzu gut. Er erkannte, dass es eher eine Satire auf die Aristokratie war, als wenn sie mit Unkraut erstickt und mit Ruinen übersät wäre. Denn es wird nicht vernachlässigt und ist doch verlassen; jedenfalls ist es unbenutzt. Es wird regelmäßig gefegt und geschmückt für einen Herrn, der nie kommt.

Als er jedoch über den Rasen blickte, sah er einen Gegenstand, mit dem er offenbar nicht gerechnet hatte. Es handelte sich um eine Art Stativ, das eine große Scheibe trug, ähnlich der runden Tischplatte, die zur Seite gekippt war, und erst als sie sich auf den Rasen fallen ließen und hinübergingen, um es sich anzusehen, wurde March klar, dass es sich um ein Ziel handelte. Es war abgenutzt und verwittert ; die bunten Farben seiner konzentrischen Ringe waren verblasst; Möglicherweise war es in jenen fernen viktorianischen Tagen errichtet worden, als das Bogenschießen eine Mode war. March hatte eine seiner vagen Visionen von Damen in wolkigen Krinolinen und Herren mit seltsamen Hüten und Schnurrhaaren, die wie Geister diesen verlorenen Garten wieder aufsuchten.

Fisher, der das Ziel genauer betrachtete, erschreckte ihn mit einem Ausruf.

„Hallo!" er sagte. „Schließlich hat jemand dieses Ding mit Schrot gespickt, und das auch in letzter Zeit. Ich glaube, der alte Jink hat hier versucht, sein schlechtes Schießen zu verbessern."

„Ja, und es sieht so aus, als ob noch Verbesserungsbedarf besteht", antwortete March lachend. „Keiner dieser Schüsse trifft auch nur annähernd ins Schwarze; Sie scheinen auf die wildeste Art und Weise verstreut zu sein."

„Auf die wildeste Art und Weise", wiederholte Fisher, während er immer noch aufmerksam auf das Ziel blickte. Er schien nur zuzustimmen, aber March hatte das Gefühl, dass sein Auge unter seinem schläfrigen Lid glänzte und dass er seine gebeugte Gestalt mit seltsamer Anstrengung aufrichtete.

„Entschuldigen Sie mich einen Moment", sagte er und tastete in seinen Taschen. „Ich glaube, ich habe einige meiner Chemikalien; und danach gehen wir zum Haus hinauf." Und er beugte sich wieder über die Zielscheibe und legte mit dem Finger etwas über jedes der Schusslöcher, so dass March nur einen mattgrauen Fleck erkennen konnte. Dann gingen sie durch die zunehmende Dämmerung die langen grünen Alleen hinauf zum großen Haus.

Auch hier trat der exzentrische Ermittler jedoch nicht durch die Haustür ein. Er ging um das Haus herum, bis er ein offenes Fenster entdeckte, sprang hinein und führte seinen Freund in etwas, das wie der Waffenraum aussah. An den Wänden standen Reihen von herkömmlichen Instrumenten zum Vogelabschuss; aber auf einem Tisch im Fenster lagen ein oder zwei Waffen von schwererer und furchterregenderer Bauart.

„Hallo! Das sind Burkes Großwildgewehre", sagte Fisher. „Ich wusste nie, dass er sie hier aufbewahrt." Er hob eines davon hoch, begutachtete es kurz und legte es mit gerunzelter Stirn wieder hin. Fast in diesem Moment kam ein seltsamer junger Mann ins Zimmer. Er war dunkelhäutig und kräftig, hatte eine holprige Stirn und ein Bulldoggenkiefer und sprach mit knapper Entschuldigung.

„Ich habe die Waffen von Major Burke hier gelassen", sagte er, „und er möchte, dass sie eingepackt werden. Er geht heute Abend weg.

Und er trug die beiden Gewehre weg, ohne einen Blick auf den Fremden zu werfen; Durch das offene Fenster konnten sie sehen, wie seine kleine, dunkle Gestalt durch den schimmernden Garten davonging. Fisher stieg wieder aus dem Fenster und blickte ihm nach.

„Das ist Halkett , von dem ich Ihnen erzählt habe", sagte er. „Ich wusste, dass er eine Art Sekretär war und mit Burkes Papieren zu tun hatte; Aber ich wusste nie, dass er etwas mit seinen Waffen zu tun hatte. Aber er ist genau die Art von stillem, vernünftigem kleinen Teufel, der in allem sehr gut sein kann; die Art von Mann, die man jahrelang kennt, bevor man herausfindet, dass er ein Schachmeister ist."

Er hatte begonnen, auf die verschwundene Sekretärin zuzugehen, und schon bald kamen sie in Sichtweite der restlichen Hausgruppe, die auf dem Rasen redete und lachte. Sie konnten die große Gestalt und die lockere Mähne des Löwenjägers sehen, der die kleine Gruppe dominierte.

„Übrigens", bemerkte Fisher, „als wir über Burke und Halkett sprachen , sagte ich, dass ein Mann nicht gut mit einer Waffe schreiben könne." Nun, ich bin mir jetzt nicht mehr so sicher. Haben Sie jemals von einem Künstler gehört, der so klug war, dass er mit einer Waffe zeichnen konnte? Hier ist ein wundervoller Kerl los.

Sir Howard begrüßte Fisher und seinen Freund, den Journalisten, mit fast übermütiger Liebenswürdigkeit. Letzteres wurde Major Burke und Mr. Halkett vorgelegt und auch (in Klammern) seinem Gastgeber, Mr. Jenkins, einem gewöhnlichen kleinen Mann in auffälligem Tweed, den alle anderen mit einer Art Zuneigung zu behandeln schienen er war ein Baby.

Der unbändige Schatzkanzler redete immer noch über die Vögel, die er erlegt hatte, die Vögel, die Burke und Halkett erlegt hatten, und die Vögel, die Jenkins, ihr Gastgeber, nicht erlegt hatte. Es schien eine Art gesellige Monomanie zu sein.

„Du und dein großes Spiel", rief er Burke aggressiv zu. „Na ja, jeder könnte Großwild schießen. Du willst ein guter Schütze sein, um Kleinwild zu schießen."

„Ganz recht", warf Horne Fisher ein. „Wenn nur ein Nilpferd aus diesem Busch in die Luft fliegen könnte oder Sie auf dem Anwesen fliegende Elefanten halten würden, warum dann …"

„Warum könnte sogar Jink so einen Vogel treffen?", rief Sir Howard und klopfte seinem Gastgeber urkomisch auf die Schulter. „Sogar er könnte einen Heuhaufen oder ein Nilpferd treffen."

„Seht her, Leute", sagte Fisher. „Ich möchte, dass du für eine Minute mit mir kommst und auf etwas anderes schießt. Kein Nilpferd. Eine andere Art seltsames Tier, das ich auf dem Anwesen gefunden habe. Es ist ein Tier mit drei Beinen und einem Auge und es ist in allen Farben des Regenbogens erhältlich."

„Wovon zum Teufel redest du?" fragte Burke.

„Kommen Sie vorbei und sehen Sie es sich an", antwortete Fisher fröhlich.

Solche Menschen lehnen selten etwas Unsinniges ab, denn sie sind immer auf der Suche nach etwas Neuem. Sie rüsteten sich ernsthaft aus dem Waffenraum und trotteten hinter ihrem Führer her, wobei Sir Howard nur in einer Art Ekstase innehielt, um auf das berühmte vergoldete Sommerhaus hinzuweisen, auf dem der vergoldete Wetterhahn noch immer schief stand. Als sie das abgelegene Grün bei den Pappeln erreichten und sich auf das neue und ziellose Spiel des Schießens auf die alte Markierung einließen, war es schon dunkel geworden.

Das letzte Licht schien vom Rasen zu verblassen, und die Pappeln wirkten im Sonnenuntergang wie große Federn auf einem purpurnen Leichenwagen, als die vergebliche Prozession schließlich eine Kurve machte und vor dem Ziel herauskam. Sir Howard schlug seinem Gastgeber erneut auf die Schulter und drängte ihn spielerisch nach vorne, um den ersten Schuss abzufeuern. Die Schulter und der Arm, die er berührte, wirkten unnatürlich steif und kantig. Mr. Jenkins hielt seine Waffe in einer Haltung, die unbeholfener war als alles, was seine satirischen Freunde gesehen oder erwartet hatten.

Im selben Moment schien aus dem Nichts ein schrecklicher Schrei zu kommen. Es war so unnatürlich und so unpassend für die Szene, dass es von einem unmenschlichen Wesen stammen könnte, das auf Flügeln über ihnen flog oder in den dunklen Wäldern dahinter lauschte. Aber Fisher wusste, dass es auf den blassen Lippen von Jefferson Jenkins aus Montreal begonnen und aufgehört hatte, und niemand, der in diesem Moment Jefferson Jenkins' Gesicht erblickte, hätte sich darüber beschwert, dass es alltäglich war. Im nächsten Moment erklang eine Flut kehliger, aber gut gelaunter Flüche von Major Burke, als er und die beiden anderen Männer sahen, was vor ihnen lag. Das Ziel stand im trüben Gras wie ein dunkler Kobold und grinste sie an, und es grinste buchstäblich. Es hatte zwei sternenähnliche Augen, und in ähnlichen fahlen Lichtpunkten waren die beiden nach oben gerichteten und offenen Nasenlöcher und die beiden Enden des breiten und engen Mundes zu erkennen. Ein paar weiße Punkte über jedem Auge deuteten auf die grauen Augenbrauen hin; und einer von ihnen lief fast aufrecht nach oben. Es war eine brillante Karikatur mit hellen, gepunkteten Linien, und March wusste, von wem. Es leuchtete im schattigen Gras, das mit Meeresfeuer verschmiert war, als wäre eines der U-Boot-Monster in den Zwielichtgarten gekrochen; aber es hatte den Kopf eines toten Mannes.

„Es ist nur leuchtende Farbe", sagte Burke. „Der alte Fisher hat sich mit seinem phosphoreszierenden Zeug lustig gemacht."

„Scheint für den alten Puggy bestimmt zu sein", bemerkte Sir Howard. „Kommt ihm sehr gut entgegen."

Damit lachten alle, außer Jenkins. Als sie alle fertig waren, machte er ein Geräusch wie der erste Versuch eines Tieres zu lachen, und Horne Fisher schritt plötzlich auf ihn zu und sagte:

"Herr. Jenkins, ich muss sofort vertraulich mit Ihnen sprechen."

An dem kleinen Wasserlauf im Moor, am Hang unter dem hängenden Felsen, traf March nach Vereinbarung seinen neuen Freund Fisher, kurz nach der hässlichen und fast grotesken Szene, die die Gruppe im Garten aufgelöst hatte.

„Es war ein Affentrick von mir", bemerkte Fisher düster, „Phosphor auf das Ziel zu bringen; Aber die einzige Chance, ihn zum Springen zu bringen, bestand darin, ihm plötzlich die Schrecken zu bereiten. Und als er das Gesicht , auf das er geschossen hatte, auf der Zielscheibe, auf der er geübt hatte, in einem höllischen Licht erstrahlen sah, zuckte er zusammen. Für meine eigene intellektuelle Befriedigung völlig ausreichend."

„Ich fürchte, ich verstehe auch jetzt noch nicht ganz", sagte March, „was er genau getan hat oder warum er es getan hat."

„Das solltest du", antwortete Fisher mit seinem eher trostlosen Lächeln, „denn du hast mir selbst den ersten Vorschlag gemacht." Oh ja, das hast du; und es war eine sehr kluge Entscheidung. Sie sagten, ein Mann würde keine Sandwiches mitnehmen, um in einem großartigen Haus zu essen. Es stimmte völlig; und die Schlussfolgerung war, dass er, obwohl er dorthin ging, nicht vorhatte, dort zu speisen. Oder zumindest, dass er möglicherweise nicht dort speist. Mir fiel sofort ein, dass er wahrscheinlich damit rechnete, dass der Besuch unangenehm sein würde, der Empfang zweifelhaft oder etwas, das ihn daran hindern würde, die Gastfreundschaft anzunehmen. Dann wurde mir klar, dass Turnbull in der Vergangenheit für bestimmte zwielichtige Gestalten ein Schrecken war und dass er hergekommen war, um einen von ihnen zu identifizieren und anzuprangern. Die Chancen zu Beginn deuteten auf den Gastgeber hin – also auf Jenkins. Ich bin jetzt moralisch sicher, dass Jenkins der unerwünschte Außerirdische war, den Turnbull wegen einer weiteren Schießerei verurteilen wollte, aber wie Sie sehen, hatte der schießende Herr eine weitere Schüsse in seinem Spind."

„Aber Sie sagten, er müsste ein sehr guter Schütze sein", protestierte March.

„Jenkins ist ein sehr guter Schütze", sagte Fisher. „Ein sehr guter Schütze, der so tun kann, als wäre er ein sehr schlechter Schütze. Soll ich Ihnen den zweiten Hinweis nennen, den ich nach Ihrem gefunden habe, um mich glauben zu lassen, dass es Jenkins war? Es war der Bericht meines Cousins über seine schlechte Schießerei. Er hatte eine Kokarde von einem Hut und einen Wetterhahn von einem Gebäude abgeschossen. Nun muss man tatsächlich sehr gut schießen, um so schlecht zu schießen. Er muss sehr genau schießen, um die Kokarde zu treffen und nicht den Kopf oder gar den Hut. Wenn die Schüsse tatsächlich zufällig erfolgt wären, stünde die Wahrscheinlichkeit tausend zu eins, dass sie nicht so markante und malerische Objekte getroffen hätten. Sie wurden ausgewählt, weil sie markante und malerische Objekte waren. Sie machen eine Geschichte, die die Runde in der Gesellschaft macht. Er bewahrt den schiefen Wetterhahn im Sommerhaus auf, um die Geschichte einer Legende fortzusetzen. Und dann lag er mit seinem bösen Blick und seiner bösen Waffe auf der Lauer, sicher im Hinterhalt der Legende seiner eigenen Inkompetenz.

„Aber es gibt noch mehr. Da ist das Sommerhaus selbst. Ich meine, da ist das Ganze. Es gibt all das, worüber Jenkins sich ärgert, die Vergoldung und die knalligen Farben und all die Vulgarität, die ihn als Emporkömmling abstempeln soll. Tatsächlich tun Emporkömmlinge dies im Allgemeinen nicht. Gott weiß, dass es in der Gesellschaft genug davon gibt ; und man kennt sie gut genug. Und das ist das Allerletzte, was sie tun. Sie sind im Allgemeinen nur zu sehr daran interessiert, das Richtige zu wissen und es zu tun; und sie begeben sich sofort mit Leib und Seele in die Hände von Kunstdekorateuren und Kunstexperten, die das Ganze für sie erledigen. Es gibt kaum einen Millionär, der den moralischen Mut hat, ein vergoldetes Monogramm auf einem Stuhl wie diesem in der Waffenkammer zu haben. Übrigens gibt es sowohl den Namen als auch das Monogramm. Namen wie Tompkins und Jenkins und Jinks sind lustig, ohne vulgär zu sein; Ich meine, sie sind vulgär, ohne gewöhnlich zu sein. Wenn Sie es vorziehen, sind sie alltäglich, ohne gewöhnlich zu sein. Das sind nur die Namen, die man wählen sollte, um gewöhnlich auszusehen , aber in Wirklichkeit sind sie ziemlich außergewöhnlich. Kennen Sie viele Leute, die Tompkins heißen? Es ist viel seltener als Talbot. Mit der komischen Kleidung der Parvenu ist es ziemlich ähnlich. Jenkins kleidet sich wie eine Figur in Punch. Aber das liegt daran, dass er eine Figur in Punch ist. Ich meine, er ist eine fiktive Figur. Er ist ein fabelhaftes Tier. Er existiert nicht.

„Haben Sie jemals darüber nachgedacht, wie es sein muss, ein Mann zu sein, der nicht existiert? Ich meine, ein Mann mit einer fiktiven Figur zu sein, die er nicht nur auf Kosten persönlicher Talente aufrechterhalten muss: Eine neue Art von Heuchler zu sein, der ein Talent in einer neuen Art von Serviette versteckt. Dieser Mann hat seine Heuchelei sehr geschickt gewählt;

es war wirklich ein neues. Ein subtiler Bösewicht hat sich als schneidiger Gentleman, würdiger Geschäftsmann, Philanthrop und Heiliger verkleidet; aber die lauten Karos eines komischen kleinen Schurken waren eigentlich eher eine neue Verkleidung. Aber die Verkleidung muss für einen Mann, der wirklich etwas kann, sehr lästig sein. Dies ist ein geschickter kleiner kosmopolitischer Gossenschnepfe, der eine Menge Dinge tun kann, nicht nur schießen, sondern auch zeichnen und malen und wahrscheinlich Geige spielen kann. Nun könnte es für einen solchen Mann nützlich sein, seine Talente zu verbergen; aber er konnte nicht umhin, sie dort einzusetzen, wo sie nutzlos waren. Wenn er zeichnen kann, wird er geistesabwesend auf Löschpapier zeichnen. Ich vermute, dass dieser Schlingel schon oft das Gesicht des armen alten Puggy auf Löschpapier gezeichnet hat . Wahrscheinlich begann er, es in Flecken zu machen, und machte es später in Punkten, oder vielmehr in Schüssen. Es war das Gleiche; Er fand ein stillgelegtes Ziel in einem verlassenen Hof und konnte nicht widerstehen, sich einem kleinen heimlichen Schießen hinzugeben, wie einem heimlichen Trinken. Man dachte, die Schüsse seien alle verstreut und unregelmäßig, und so war es auch; aber nicht zufällig. Keine zwei Entfernungen waren gleich; aber die verschiedenen Punkte waren genau dort, wo er sie platzieren wollte. Es gibt nichts, was einer solchen mathematischen Präzision bedarf wie eine wilde Karikatur. Ich habe mich selbst ein wenig mit dem Zeichnen beschäftigt, und ich versichere Ihnen, dass es ein Wunder ist, mit einem Stift nahe an einem Blatt Papier einen Punkt an die gewünschte Stelle zu setzen. Es war ein Wunder, es mit einer Waffe durch einen Garten zu schaffen. Aber ein Mann, der diese Wunder wirken kann, wird immer danach brennen, sie zu wirken, und sei es nur im Dunkeln.“

Nach einer Pause bemerkte March nachdenklich: „Aber er hätte ihn nicht wie einen Vogel mit einer dieser kleinen Waffen zu Fall bringen können.“

"NEIN; Deshalb bin ich in die Waffenkammer gegangen“, antwortete Fisher. „Er hat es mit einem von Burkes Gewehren gemacht, und Burke glaubte, den Klang zu kennen. Deshalb stürmte er ohne Hut hinaus und sah so wild aus. Er sah nichts weiter als ein schnell vorbeifahrendes Auto, dem er ein Stück folgte, und kam dann zu dem Schluss, dass er einen Fehler gemacht hatte.“

Es herrschte eine weitere Stille, während der Fisher genauso regungslos wie bei ihrem ersten Treffen auf einem großen Stein saß und zusah, wie der grau-silbrige Fluss unter den Büschen vorbeiströmte. Dann sagte March unvermittelt: „Natürlich kennt er jetzt die Wahrheit “

„Niemand außer Ihnen und mir kennt die Wahrheit“, antwortete Fisher mit einer gewissen Sanftheit in seiner Stimme. „Und ich glaube nicht, dass wir uns jemals streiten werden.“

"Wie meinst du das?" fragte March mit verändertem Akzent. „Was hast du dagegen unternommen?"

Horne Fisher blickte weiterhin unverwandt auf den wirbelnden Bach. Schließlich sagte er: „Die Polizei hat bewiesen , dass es sich um einen Autounfall handelte."

„Aber du weißt, dass das nicht der Fall war."

„Ich habe dir gesagt, dass ich zu viel weiß", antwortete Fisher, den Blick auf den Fluss gerichtet. „Das weiß ich, und ich weiß noch viele andere Dinge. Ich kenne die Atmosphäre und die Art und Weise, wie das Ganze funktioniert. Ich weiß, dass es diesem Kerl gelungen ist, etwas unheilbar Alltägliches und Komisches zu werden. Ich weiß, dass man den alten Toole oder Little Tich nicht verfolgen kann . Wenn ich Hoggs oder Halkett erzählen würde, dass der alte Jink ein Attentäter sei, würden sie vor meinen Augen fast vor Lachen sterben. Oh, ich sage nicht, dass ihr Lachen ganz unschuldig ist, obwohl es auf seine Art echt ist. Sie wollen den alten Jink und könnten nicht ohne ihn auskommen. Ich sage nicht, dass ich ganz unschuldig bin. Ich mag Hoggs; Ich möchte nicht, dass er am Boden liegt; und er wäre erledigt, wenn Jink seine Krone nicht bezahlen könnte. Sie waren bei der letzten Wahl teuflisch nah an der Grenze. Aber der einzige wirkliche Einwand dagegen ist, dass es unmöglich ist. Niemand würde es glauben; es ist nicht auf dem Bild. Der schiefe Wetterhahn machte daraus immer einen Witz."

„Finden Sie das nicht berüchtigt?" fragte März leise.

„Ich denke über viele Dinge nach", antwortete der andere. „Wenn es euch jemals gelingt, die ganze Gesellschaft mit Dynamit in die Luft zu sprengen, weiß ich nicht, dass es der Menschheit noch viel schlechter gehen wird. Aber seien Sie nicht zu streng mit mir, nur weil ich weiß, was eine Gesellschaft ist. Deshalb verbringe ich meine Zeit mit Dingen wie stinkenden Fischen."

Es entstand eine Pause, als er sich wieder am Bach niederließ; und dann fügte er hinzu:

„Ich habe es dir gesagt, bevor ich den großen Fisch zurückwerfen musste."

II. DER VERSCHWINDENDE PRINZ

Diese Geschichte beginnt inmitten eines Wirrwarrs von Geschichten rund um einen Namen, der gleichzeitig neu und legendär ist. Der Name ist der von Michael O'Neill, im Volksmund Prinz Michael genannt, teils weil er behauptete, von alten Fürsten von Fenian abzustammen, teils weil ihm der Plan zugeschrieben wurde, sich selbst zum Prinzpräsidenten von Irland zu machen, wie es der letzte Napoleon von Frankreich tat. Er war zweifellos ein Gentleman mit ehrenhafter Abstammung und vielen Errungenschaften, aber zwei seiner Errungenschaften ragten aus allen anderen heraus. Er hatte ein Talent dafür, aufzutauchen, wenn er nicht gesucht wurde, und ein Talent zu verschwinden, wenn er gesucht wurde, insbesondere wenn er von der Polizei gesucht wurde. Es kann hinzugefügt werden, dass sein Verschwinden gefährlicher war als sein Erscheinen. In letzterem Fall ging er selten über das Sensationelle hinaus – er klebte aufrührerische Plakate, riss offizielle Plakate ab, hielt pompöse Reden oder entrollte verbotene Flaggen. Aber um Ersteres zu erreichen, kämpfte er manchmal mit verblüffender Energie für seine Freiheit, aus der Männer manchmal Glück hatten, mit einem gebrochenen Kopf statt mit einem gebrochenen Hals davonzukommen. Seine berühmtesten Fluchtversuche waren jedoch auf Geschicklichkeit und nicht auf Gewalt zurückzuführen. An einem wolkenlosen Sommermorgen war er eine staubweiße Landstraße entlanggekommen, hatte vor einem Bauernhaus stehengeblieben und der Tochter des Bauern mit eleganter Gleichgültigkeit erzählt, dass die örtliche Polizei ihn verfolgte. Der Name des Mädchens war Bridget Royce, eine düstere und sogar mürrische Schönheit, und sie sah ihn düster an, als wäre sie im Zweifel, und sagte: „Soll ich dich verstecken?" Daraufhin lachte er nur, sprang leichtfüßig über die Steinmauer und schritt auf die Farm zu, wobei er lediglich die Bemerkung über die Schulter warf: „Danke, ich war im Allgemeinen durchaus in der Lage, mich zu verstecken." Dabei handelte er mit einer tragischen Unkenntnis der Natur der Frau; und in diesem Sonnenschein fiel ein Schatten des Untergangs auf seinen Weg.

Während er durch das Bauernhaus verschwand, blieb das Mädchen noch ein paar Augenblicke stehen und blickte die Straße hinauf, und zwei schwitzende Polizisten kamen auf die Tür zugelaufen, vor der sie stand. Obwohl sie immer noch wütend war, schwieg sie immer noch, und eine Viertelstunde später hatten die Beamten das Haus durchsucht und inspizierten bereits den Küchengarten und das Maisfeld dahinter. In der hässlichen Reaktion ihrer Stimmung wäre sie vielleicht sogar versucht gewesen, auf den Flüchtigen hinzuweisen, aber sie hatte genauso wenig eine Ahnung wie die Polizisten, wohin er möglicherweise gegangen sein könnte. Der Küchengarten war von einer sehr niedrigen Mauer umgeben , und das Maisfeld dahinter lag schräg wie ein quadratisches Stück auf einem großen grünen Hügel, auf dem er in der Ferne noch als Punkt zu sehen war. Alles stand fest an seinem vertrauten Platz; der Apfelbaum war zu klein, um einen Kletterer zu tragen oder zu verstecken; der einzige Schuppen stand offen und offensichtlich leer; Außer dem Summen der Sommerfliegen und dem gelegentlichen Flattern eines Vogels, der so unbekannt war, dass er von der Vogelscheuche auf dem Feld überrascht wurde, war kein Laut zu hören. es gab kaum einen Schatten außer ein paar blauen Linien, die von dem dünnen Baum fielen; Jedes Detail wurde durch das strahlende Tageslicht wie in einem Mikroskop erfasst. Das Mädchen beschrieb die Szene später mit dem ganzen leidenschaftlichen Realismus ihrer Rasse, und ob die Polizisten auch ein ähnliches Auge für das Malerische hatten oder nicht , sie hatten zumindest ein Auge für die Fakten des Falles und waren gezwungen, aufzugeben die Verfolgung und ziehen sich vom Tatort zurück. Bridget Royce blieb wie in Trance stehen und starrte auf den sonnenbeschienenen Garten, in dem gerade ein Mann wie eine Fee verschwunden war. Sie war immer noch in einer düsteren Stimmung, und das Wunder nahm in ihrem Geist einen Charakter der Unfreundlichkeit und Angst an, als wäre die Fee entschieden eine schlechte Fee. Die Sonne auf dem glitzernden Garten bedrückte sie mehr als die Dunkelheit, aber sie starrte weiterhin darauf. Dann wurde die Welt selbst dämlich und sie schrie. Die Vogelscheuche bewegte sich im Sonnenlicht. Es hatte mit dem Rücken zu ihr gestanden, trug einen alten schwarzen Hut und ein zerfetztes Kleidungsstück und schritt mit all seinen herumfliegenden Fetzen über den Hügel davon.

Sie analysierte nicht den kühnen Trick, mit dem der Mann die subtilen Auswirkungen des Erwarteten und des Offensichtlichen zu seinem Vorteil genutzt hatte; Sie befand sich immer noch unter der Wolke individuellerer Komplexität und bemerkte vor allem, dass sich die verschwindende Vogelscheuche nicht einmal umdrehte, um auf die Farm zu blicken. Und das Schicksal, das seiner fantastischen Karriere in der Freiheit so widrig war, entschied, dass sein nächstes Abenteuer, obwohl es in einer anderen Richtung den gleichen Erfolg hatte, die Gefahr in dieser Richtung erhöhen sollte. Unter den vielen ähnlichen Abenteuern, die auf diese Weise von ihm erzählt werden, heißt es auch, dass ihn einige Tage später ein anderes Mädchen namens Mary Cregan versteckt auf der Farm gefunden habe, auf der sie arbeitete; und wenn die Geschichte wahr ist, muss sie auch den Schock eines unheimlichen Erlebnisses erlebt haben, denn als sie mit einer einsamen Aufgabe im Hof beschäftigt war, hörte sie eine Stimme aus dem Brunnen sprechen und stellte fest, dass es dem Exzentriker gelungen war, zu fallen Er stürzte sich in den etwas weiter unten stehenden Eimer, dessen Brunnen nur teilweise mit Wasser gefüllt war. In diesem Fall musste er jedoch an die Frau appellieren, das Seil aufzuwickeln. Und Männer sagen, als diese Nachricht der anderen Frau mitgeteilt wurde, habe ihre Seele die Grenze des Verrats überschritten.

Das waren zumindest die Geschichten, die man sich auf dem Land über ihn erzählte, und es gab noch viele weitere – etwa, dass er unverschämt in einem prächtigen grünen Morgenmantel auf den Stufen eines großen Hotels gestanden und dann die Polizei durch eine Gegend gejagt hatte Er gelangte durch eine lange Reihe prächtiger Apartments und schließlich durch sein eigenes Schlafzimmer auf einen Balkon mit Blick auf den Fluss. In dem Moment, als die Verfolger den Balkon betraten, brach dieser unter ihnen zusammen, und sie fielen durcheinander in die wirbelnden Gewässer, während Michael, der sein Kleid ausgezogen hatte und untergetaucht war, davonschwimmen konnte. Es hieß, er habe die Stützen sorgfältig weggeschnitten, damit sie nichts so Schweres wie einen Polizisten tragen könnten. Aber auch hier hatte er sofort Glück, war aber letztendlich unglücklich, denn es heißt, einer der Männer sei ertrunken, was zu einer Familienfehde führte, die zu einem kleinen Riss in seiner Popularität führte. Diese Geschichten können jetzt ausführlicher erzählt werden, nicht weil sie die wunderbarsten seiner vielen Abenteuer sind, sondern weil diese allein durch die Loyalität der Bauernschaft nicht mit Schweigen überdeckt wurden. Diese allein fanden Eingang in offizielle Berichte, und diese waren es, die drei der höchsten Beamten des Landes lasen und diskutierten, als der bemerkenswertere Teil dieser Geschichte begann.

Die Nacht war schon weit fortgeschritten und die Lichter leuchteten in dem Häuschen, das als provisorische Polizeistation in der Nähe der Küste diente. Auf der einen Seite befanden sich die letzten Häuser des verstreuten Dorfes und auf der anderen Seite nichts als ein ödes Moorland, das sich bis zum Meer erstreckte und dessen Linie von keinem Wahrzeichen unterbrochen wurde, außer einem einzelnen Turm im prähistorischen Muster, wie man ihn noch immer in Irland findet , schlank wie eine Säule, aber spitz wie eine Pyramide. An einem Holztisch vor dem Fenster, das normalerweise auf diese Landschaft blickte, saßen zwei Männer in Zivil, aber mit etwas militärischer Haltung, denn es waren tatsächlich die beiden Chefs der Kriminalpolizei dieses Bezirks. Der ältere der beiden, sowohl in Bezug auf Alter als auch Rang, war ein kräftiger Mann mit einem kurzen weißen Bart und frostigen Augenbrauen, die zu einem Stirnrunzeln zusammengezogen waren, was eher auf Besorgnis als auf Strenge hindeutete.

Sein Name war Morton, und er war ein Mann aus Liverpool, der seit langem in die irischen Streitereien verwickelt war und seine Pflicht ihnen gegenüber auf eine säuerliche Art und Weise erfüllte, die nicht ganz unsympathisch war. Er hatte ein paar Sätze mit seinem Begleiter Nolan gesprochen, einem großen, dunklen Mann mit einem leichenartigen irischen Pferdegesicht, als er sich an etwas zu erinnern schien und eine Glocke berührte, die in einem anderen Raum läutete. Der von ihm gerufene Untergebene erschien sofort mit einem Stapel Papiere in der Hand.

„Setz dich, Wilson", sagte er. „Das sind die Aussagen, nehme ich an."

„Ja", antwortete der Dritte Offizier. „Ich glaube, ich habe alles, was man aus ihnen herausholen kann, also habe ich die Leute weggeschickt."

„Hat Mary Cregan ausgesagt?" fragte Morton mit einem Stirnrunzeln, das etwas tiefer aussah als sonst.

„Nein, aber ihr Herr schon", antwortete der Mann namens Wilson, der plattes, rotes Haar und ein schlichtes, blasses Gesicht hatte, nicht ohne Schärfe. „Ich glaube, er hängt selbst um das Mädchen herum und ist gegen einen Rivalen im Ausscheiden. Es gibt immer einen solchen Grund, wenn uns über irgendetwas die Wahrheit gesagt wird. Und Sie können wetten, dass das andere Mädchen es richtig gesagt hat."

„Na ja, hoffen wir mal, dass sie von Nutzen sein werden", bemerkte Nolan etwas hoffnungslos und blickte in die Dunkelheit hinaus.

„Alles ist gut", sagte Morton, „das uns etwas über ihn erfahren lässt."

„Wissen wir etwas über ihn?" fragte der melancholische Ire.

„Wir wissen eines über ihn", sagte Wilson, „und es ist das Einzige, was niemand zuvor wusste." Wir wissen, wo er ist."

"Bist du sicher?" fragte Morton und sah ihn scharf an.

„Ganz sicher", antwortete sein Assistent. „In diesem Moment ist er in dem Turm dort drüben am Ufer. Wenn Sie nah genug herangehen , sehen Sie die Kerze im Fenster brennen."

Während er sprach, ertönte auf der Straße draußen eine Hupe, und einen Augenblick später hörten sie das Pochen eines Autos, das vor der Tür zum Stehen kam. Morton sprang sofort auf.

„Gott sei Dank, das ist das Auto aus Dublin", sagte er. „Ohne besondere Autorität kann ich nichts tun, nicht wenn er oben auf dem Turm säße und uns die Zunge herausstreckte. Aber der Chef kann tun, was er für das Beste hält."

Er eilte zum Eingang und tauschte bald Grüße mit einem großen, gutaussehenden Mann im Pelzmantel aus, der den unbeschreiblichen Glanz der großen Städte und den Luxus der großen Welt in den schmuddeligen kleinen Bahnhof brachte.

Denn es handelte sich um Sir Walter Carey, einen so angesehenen Beamten im Dublin Castle, dass nichts Geringeres als der Fall von Prinz Michael ihn mitten in der Nacht auf eine solche Reise gebracht hätte. Aber der Fall von Prinz Michael wurde durch Legalismus und Gesetzlosigkeit erschwert. Beim letzten Mal war er durch eine forensische Spitzfindigkeit entkommen und nicht, wie üblich, durch eine private Eskapade; und es war eine Frage, ob er im Moment dem Gesetz zugänglich war oder nicht. Es könnte notwendig sein, einen Punkt zu dehnen, aber ein Mann wie Sir Walter könnte es wahrscheinlich so weit ausdehnen, wie er wollte.

Ob er dies beabsichtigte, war eine Frage, die es zu prüfen galt. Trotz des fast aggressiven Hauchs von Luxus im Pelzmantel wurde bald klar, dass Sir Walters großer Löwenkopf sowohl zum Nutzen als auch zur Zierde diente, und er betrachtete die Angelegenheit nüchtern und vernünftig. Fünf Stühle standen um den einfachen Tisch aus Fichtenholz herum, denn wen sollte Sir Walter mitbringen außer seinem jungen Verwandten und Sekretär Horne Fisher? Sir Walter hörte mit ernster Aufmerksamkeit und seine Sekretärin mit höflicher Langeweile der Reihe von Episoden zu, anhand derer die Polizei den fliegenden Rebellen von den Stufen des Hotels bis zu dem einsamen Turm am Meer verfolgt hatte. Dort war er zumindest zwischen den Mooren und der Brandung in die Enge getrieben; und der von Wilson geschickte Kundschafter berichtete, dass er unter einer einsamen Kerze schrieb und vielleicht eine weitere seiner gewaltigen Proklamationen verfasste. Es wäre in der Tat typisch für ihn gewesen, diesen Ort als den Ort zu wählen, an dem er sich schließlich an Bay wenden würde. Er hatte einen entfernten Anspruch darauf, wie auf ein Familienschloss; und diejenigen, die ihn kannten, hielten ihn für fähig, die primitiven irischen Häuptlinge nachzuahmen, die im Kampf gegen das Meer fielen.

„Als ich hereinkam, sah ich ein paar seltsam aussehende Leute weggehen“, sagte Sir Walter Carey. „Ich nehme an, das waren Ihre Zeugen. Aber warum tauchen sie um diese Nachtzeit hier auf?“

Morton lächelte grimmig. „Sie kommen nachts hierher, weil sie tote Männer wären, wenn sie tagsüber hierher kämen. Es sind Kriminelle, die ein Verbrechen begehen, das hier noch schrecklicher ist als Diebstahl oder Mord.“

„Welches Verbrechen meinen Sie?“ fragte der andere mit einiger Neugier.

„Sie helfen dem Gesetz“, sagte Morton.

Es herrschte Stille, und Sir Walter betrachtete die vor ihm liegenden Papiere mit geistesabwesendem Blick. Endlich sprach er .

„Ganz richtig; Aber schauen Sie hier, wenn die Stimmung vor Ort so lebhaft ist, gibt es viele Punkte zu beachten. Ich glaube, das neue Gesetz wird es mir ermöglichen, ihn jetzt festzuhalten, wenn ich es für das Beste halte. Aber ist es das Beste? Ein ernsthafter Aufstand würde uns im Parlament nichts nützen, und die Regierung hat sowohl in England als auch in Irland Feinde. Es geht nicht, wenn ich etwas getan habe, was ein wenig nach scharfer Übung aussieht, und dann nur eine Revolution ausgelöst habe.“

„Es ist genau umgekehrt", sagte der Mann namens Wilson ziemlich schnell. „Wenn Sie ihn verhaften, wird es keine halb so große Revolution geben, wie wenn Sie ihn drei Tage länger freilassen. Aber auf jeden Fall kann es heutzutage nichts geben, was die richtige Polizei nicht bewältigen kann."

"Herr. „Wilson ist ein Londoner", sagte der irische Detektiv mit einem Lächeln.

„Ja, ich bin wirklich ein Cockney", antwortete Wilson, „und ich denke, das macht mich umso besser. Seltsamerweise besonders bei diesem Job."

Sir Walter schien ein wenig amüsiert über die Hartnäckigkeit des Dritten Offiziers und vielleicht noch mehr amüsiert über den leichten Akzent, mit dem er sprach, der seine Prahlerei über seine Herkunft eher überflüssig machte.

„Wollen Sie damit sagen", fragte er, „dass Sie mehr über das Geschäft hier wissen, weil Sie aus London kommen?"

„Klingt komisch, ich weiß, aber ich glaube es", antwortete Wilson. „Ich glaube, diese Angelegenheiten brauchen neue Wege. Vor allem aber glaube ich, dass sie ein frisches Auge wollen."

Die Vorgesetzten lachten, und der rothaarige Mann fuhr mit einem Anflug von Wut fort:

„Nun, schauen Sie sich die Fakten an. Sehen Sie, wie der Kerl jedes Mal davonkam, und Sie werden verstehen, was ich meine. Warum konnte er anstelle der Vogelscheuche stehen, verborgen hinter nichts als einem alten Hut? Denn es war ein Dorfpolizist, der wusste, dass die Vogelscheuche da war, sie erwartete und sich daher nicht darum kümmerte. Jetzt erwarte ich nie eine Vogelscheuche. Ich habe noch nie einen auf der Straße gesehen und ich starre einen an, wenn ich ihn auf dem Feld sehe. Es ist etwas Neues für mich und es lohnt sich, darauf aufmerksam zu machen. Und genauso war es auch, als er sich im Brunnen versteckte. Sie sind bereit, an einem solchen Ort einen Brunnen zu finden; Du suchst nach einem Brunnen und siehst ihn deshalb nicht. Ich suche nicht danach, und deshalb schaue ich es mir an."

„Das ist sicherlich eine Idee", sagte Sir Walter lächelnd, „aber was ist mit dem Balkon? In London sieht man gelegentlich Balkone."

„Aber keine Flüsse direkt unter ihnen, als ob es in Venedig wäre", antwortete Wilson.

„Es ist sicherlich eine neue Idee", wiederholte Sir Walter mit einer Art Respekt. Er hatte die ganze Liebe der Luxusklassen für neue Ideen. Aber er hatte auch eine kritische Fähigkeit und neigte nach reiflicher Überlegung dazu, zu glauben, dass es sich auch um eine wahre Idee handelte.

Die zunehmende Morgendämmerung hatte die Fensterscheiben bereits von Schwarz in Grau verwandelt, als Sir Walter plötzlich aufstand. Auch die anderen erhoben sich, da sie dies als Zeichen dafür werteten, dass die Verhaftung vorgenommen werden sollte. Aber ihr Anführer stand einen Moment lang in tiefen Gedanken da, als sei ihm bewusst, dass sich seine Wege trennten.

Plötzlich wurde die Stille von einem langen, klagenden Schrei aus dem dunklen Moor draußen durchbrochen. Die Stille, die darauf folgte, schien erschreckender zu sein als der Schrei selbst, und sie dauerte, bis Nolan schwerfällig sagte:

„Das ist die Todesfee. Jemand ist fürs Grab bestimmt."

Sein langes Gesicht mit den großen Gesichtszügen war mondbleich, und man konnte sich leicht daran erinnern, dass er der einzige Ire im Raum war.

„Nun, ich kenne diese Todesfee", sagte Wilson fröhlich, „so unwissend Sie auch denken, ich sei von diesen Dingen. Ich selbst habe vor einer Stunde mit dieser Banshee gesprochen, und ich habe sie zum Turm hinaufgeschickt und ihr gesagt, sie solle so singen, wenn sie einen Blick auf unseren Freund werfen könnte, der seine Proklamation schreibt."

„Meinst du das Mädchen Bridget Royce?" fragte Morton und zog seine frostigen Brauen zusammen. „Hat sie in diesem Ausmaß die Aussage des Königs übernommen?"

„Ja", antwortete Wilson. „Ich weiß sehr wenig über diese lokalen Dinge, sagen Sie mir, aber ich denke, eine wütende Frau ist in allen Ländern ziemlich gleich."

Nolan schien jedoch immer noch launisch und anders als er selbst zu sein. „Es ist ein hässlicher Lärm und insgesamt ein hässliches Geschäft", sagte er. „Wenn es wirklich das Ende von Prinz Michael ist, könnte es durchaus auch das Ende anderer Dinge sein. Wenn der Geist auf ihm wäre , würde er über eine Leiter aus toten Männern fliehen und durch das Meer waten, wenn es aus Blut bestünde."

„Ist das der wahre Grund Ihrer frommen Besorgnis?" fragte Wilson mit einem leichten Grinsen.

Das blasse Gesicht des Iren wurde schwarz vor neuer Leidenschaft.

Clapham Junction gekämpft haben , Mr. Cockney", sagte er.

„Still, bitte", sagte Morton scharf. „Wilson, Sie haben keinerlei Recht, Zweifel am Verhalten Ihres Vorgesetzten anzudeuten. Ich hoffe, dass Sie sich als ebenso mutig und vertrauenswürdig erweisen werden, wie er es immer war."

Das blasse Gesicht des rothaarigen Mannes schien eine Spur blasser zu sein, aber er war still und gefasst, und Sir Walter ging mit ausgeprägter Höflichkeit auf Nolan zu und sagte: „Sollen wir jetzt nach draußen gehen und diese Angelegenheit erledigen?"

Die Morgendämmerung war angebrochen und hinterließ einen breiten weißen Abgrund zwischen einer großen grauen Wolke und dem großen grauen Moorland, hinter dem sich der Turm vor dem Tagesanbruch und dem Meer abzeichnete.

Etwas in seiner schlichten und primitiven Form erinnerte vage an die Morgendämmerung in den ersten Tagen der Erde, in einer prähistorischen Zeit, als selbst die Farben noch kaum entstanden waren und zwischen Wolken und Lehm nur leeres Tageslicht herrschte. Diese toten Farbtöne wurden nur durch einen goldenen Fleck aufgehellt – den Funken der Kerze, die im Fenster des einsamen Turms brannte und in das zunehmende Tageslicht hinein brannte. Als sich die Gruppe von Detektiven, gefolgt von einer Kette von Polizisten, halbmondförmig ausbreitete, um jede Flucht zu verhindern, blitzte das Licht im Turm für einen Moment auf, als wäre es bewegt worden, und ging dann aus. Sie wussten, dass der Mann darin das Tageslicht bemerkt und seine Kerze ausgeblasen hatte.

„Es gibt noch andere Fenster, nicht wahr?" fragte Morton, „und natürlich eine Tür irgendwo um die Ecke? Nur ein runder Turm hat keine Ecken."

„Ein weiteres Beispiel meines kleinen Vorschlags", bemerkte Wilson ruhig. „Dieser seltsame Turm war das Erste, was ich sah, als ich in diese Gegend kam; und ich kann Ihnen etwas mehr darüber erzählen – oder zumindest über das Äußere davon. Insgesamt gibt es vier Fenster, eines etwas entfernt von diesem, aber gerade außer Sichtweite. Diese befinden sich beide im Erdgeschoss, ebenso wie das dritte auf der anderen Seite und bildet eine Art Dreieck. Aber das vierte liegt direkt über dem dritten, und ich nehme an, es sieht aus, als wäre es in einem oberen Stockwerk."

„Es ist nur eine Art Dachboden, den man über eine Leiter erreicht", sagte Nolan. „Ich habe dort schon als Kind gespielt. Es ist nicht mehr als eine leere Hülle." Und sein trauriges Gesicht wurde noch trauriger, als er vielleicht an die Tragödie seines Landes und die Rolle dachte, die er darin spielte.

„Der Mann muss auf jeden Fall einen Tisch und einen Stuhl bekommen haben", sagte Wilson, „aber zweifellos hätte er diese auch aus irgendeinem Cottage bekommen können. Wenn ich einen Vorschlag machen dürfte, Sir, ich denke, wir sollten uns sozusagen allen fünf Eingängen auf einmal nähern. Einer von uns sollte zur Tür gehen und einer zu jedem Fenster; Macbride hat hier eine Leiter für das obere Fenster."

Herr Horne Fisher wandte sich träge an seinen angesehenen Verwandten und sprach zum ersten Mal.

„Ich bin eher ein Konvertit zur Cockney-Schule der Psychologie", sagte er mit fast unhörbarer Stimme.

Die anderen schienen den gleichen Einfluss auf unterschiedliche Weise zu spüren, denn die Gruppe begann sich auf die angegebene Weise aufzulösen. Morton ging zum Fenster direkt vor ihnen, wo der versteckte Gesetzlose gerade die Kerze ausgelöscht hatte; Nolan, etwas weiter westlich bis zum nächsten Fenster; während Wilson, gefolgt von Macbride mit der Leiter, zu den beiden Fenstern im hinteren Teil ging. Sir Walter Carey selbst begann, gefolgt von seiner Sekretärin, auf die einzige Tür zuzugehen, um regelmäßiger Einlass zu verlangen.

„Er wird natürlich bewaffnet sein", bemerkte Sir Walter beiläufig.

„Nach allem, was man hört", antwortete Horne Fisher, „kann er mit einem Kerzenhalter mehr erreichen als die meisten Männer mit einer Pistole." Aber er ist ziemlich sicher, dass er auch die Pistole hat."

Noch während er sprach, wurde die Frage mit donnernder Zunge beantwortet. Morton hatte sich gerade vor das nächste Fenster gestellt und blockierte mit seinen breiten Schultern die Öffnung. Für einen Moment wurde es von innen wie von rotem Feuer erleuchtet, gefolgt von einem donnernden Echo aus Echos. Die quadratischen Schultern schienen ihre Form zu verändern, und die kräftige Gestalt brach zwischen den hohen, üppigen Gräsern am Fuße des Turms zusammen. Eine Rauchwolke schwebte wie eine kleine Wolke aus dem Fenster. Die beiden Männer hinter ihm stürmten zur Stelle und hoben ihn auf, aber er war tot.

Sir Walter richtete sich auf und rief etwas, das in einem weiteren Schusslärm unterging; Es war möglich, dass die Polizei ihren Kameraden bereits von der anderen Seite rächte. Fisher war bereits zum nächsten Fenster gerannt, und ein neuer Schrei des Erstaunens von ihm brachte seinen Gönner an die gleiche Stelle. Nolan, der irische Polizist, war ebenfalls gestürzt und lag mit seiner ganzen Länge im Gras, das rot von seinem Blut war. Er war noch am Leben, als sie ihn erreichten, aber auf seinem Gesicht stand der Tod, und er konnte ihnen nur mit einer letzten Geste sagen, dass alles vorbei war; und mit einem gebrochenen Wort und einer heroischen Anstrengung bedeutete er ihnen, dorthin zu gehen, wo seine anderen Kameraden die Rückseite des Turms belagerten. Betäubt von diesen schnellen und wiederholten Stößen konnten die beiden Männer der Geste nur vage gehorchen, und als sie zu den anderen Fenstern im hinteren Teil gingen, erlebten sie eine ebenso verblüffende, wenn auch weniger endgültige und tragische Szene. Die anderen beiden Offiziere waren weder tot noch tödlich verwundet, aber Macbride lag mit einem gebrochenen Bein und seiner Leiter auf ihm, die offenbar vom obersten Fenster des Turms heruntergeworfen worden war; während Wilson auf seinem Gesicht lag, ganz still, als wäre er betäubt, mit seinem roten Kopf zwischen dem Grau und Silber der Stechpalme. Bei ihm war die Ohnmacht jedoch nur vorübergehend, denn er begann sich zu bewegen und aufzustehen, als die anderen um den Turm herumkamen.

"Mein Gott! es ist wie eine Explosion!" rief Sir Walter; und tatsächlich war es das einzige Wort für diese überirdische Energie, mit der ein Mann im selben Moment auf drei Seiten desselben kleinen Dreiecks Tod oder Zerstörung anrichten konnte.

Wilson war bereits aufgestanden und flog mit prächtiger Energie erneut auf das Fenster zu, den Revolver in der Hand. Er schoss zweimal in die Öffnung und verschwand dann in seinem eigenen Rauch; Doch das Stampfen seiner Füße und der Schock eines umfallenden Stuhls verrieten ihnen, dass es dem unerschrockenen Londoner endlich gelungen war, in den Raum zu springen. Dann folgte eine merkwürdige Stille; und Sir Walter, der durch den dünner werdenden Rauch zum Fenster ging, blickte in die hohle Hülle des alten Turms. Außer Wilson, der sich umsah, war niemand da.

Das Innere des Turms war ein einziger leerer Raum, in dem es nichts außer einem einfachen Holzstuhl und einem Tisch gab, auf dem Stifte, Tinte und Papier sowie der Kerzenständer lagen. Auf halber Höhe der hohen Mauer befand sich unter dem oberen Fenster eine schlichte Holzplattform, ein kleiner Dachboden, der eher einem großen Regal ähnelte. Es war nur über eine Leiter zu erreichen und schien genauso kahl zu sein wie die kahlen Wände. Wilson beendete seine Besichtigung des Ortes und starrte dann auf die Dinge auf dem Tisch. Dann zeigte er schweigend mit seinem schlanken Zeigefinger auf die aufgeschlagene Seite des großen Notizbuchs. Der Autor hatte plötzlich aufgehört zu schreiben, sogar mitten im Wort.

„Ich sagte, es sei wie eine Explosion", sagte Sir Walter Carey schließlich. „Und tatsächlich scheint der Mann selbst plötzlich explodiert zu sein. Aber er hat sich irgendwie in die Luft gesprengt, ohne den Turm zu berühren. Er ist eher wie eine Blase als wie eine Bombe geplatzt."

„Er hat wertvollere Dinge berührt als den Turm", sagte Wilson düster.

Es herrschte langes Schweigen, und dann sagte Sir Walter ernst: „Nun, Mr. Wilson, ich bin kein Detektiv, und diese unglücklichen Ereignisse haben Ihnen die Leitung dieses Geschäftszweigs übertragen. Wir alle beklagen die Ursache dafür, aber ich möchte sagen, dass ich selbst größtes Vertrauen in Ihre Fähigkeit habe, die Arbeit fortzusetzen. Was sollten wir Ihrer Meinung nach als nächstes tun?"

Wilson schien sich aus seiner Depression zu erholen und nahm die Worte des Redners mit einer herzlicheren Höflichkeit zur Kenntnis, als er es bisher irgendjemandem gegenüber gezeigt hatte. Er rief einige Polizisten herbei, um bei der Durchsuchung des Innenraums zu helfen, und überließ es den übrigen, sich in einem Suchtrupp draußen zu verteilen.

„Ich denke", sagte er, „das erste, was man tun muss, ist, sich über das Innere dieses Ortes zu vergewissern, da es für ihn körperlich kaum möglich war, nach draußen zu gelangen." Ich nehme an, der arme Nolan hätte seine Banshee mitgebracht und gesagt, es sei übernatürlich möglich. Aber ich habe keine Verwendung für körperlose Geister, wenn es um Fakten geht. Und die Fakten vor mir sind ein leerer Turm mit einer Leiter, einem Stuhl und einem Tisch."

„Die Spiritualisten", sagte Sir Walter lächelnd, „würden sagen, dass Spirituosen für einen Tisch sehr nützlich sein könnten."

„Ich wage zu behaupten, dass sie es könnten, wenn die Spirituosen auf dem Tisch stünden – in einer Flasche", antwortete Wilson und kräuselte seine blassen Lippen. „Die Leute hier glauben vielleicht an solche Dinge, wenn sie alle mit irischem Whisky betrunken sind. Ich denke, sie wollen in diesem Land ein wenig Bildung."

Horne Fishers schwere Augenlider zuckten in einem schwachen Versuch, sich zu heben, als wäre er versucht, träge gegen den verächtlichen Ton des Ermittlers zu protestieren.

„Die Iren glauben viel zu sehr an Geister, als dass sie an Spiritualismus glauben könnten", murmelte er. „Sie wissen zu viel über sie . Wenn Sie einen einfachen und kindlichen Glauben an einen beliebigen Geist wünschen, können Sie ihn in Ihrem Lieblings-London bekommen."

„Ich möchte es nirgendwo hinbringen", sagte Wilson knapp. „Ich sage, ich habe es mit viel einfacheren Dingen zu tun als deinem einfachen Glauben, mit einem Tisch, einem Stuhl und einer Leiter. Was ich nun zu Beginn über sie sagen möchte, ist Folgendes. Sie sind alle drei grob aus schlichtem Holz gefertigt. Aber der Tisch und der Stuhl sind ziemlich neu und vergleichsweise sauber. Die Leiter ist mit Staub bedeckt und unter der obersten Sprosse befindet sich ein Spinnennetz. Das bedeutet, dass er sich die ersten beiden, wie wir vermutet haben, erst vor Kurzem von irgendeinem Ferienhaus ausgeliehen hat, aber die Leiter lag schon lange in diesem verrotteten alten Mülleimer. Wahrscheinlich war es Teil der Originalmöbel, ein Erbstück in diesem prächtigen Palast der irischen Könige."

Wieder blickte Fisher ihn unter den Augenlidern an, schien aber zu schläfrig, um zu sprechen, und Wilson fuhr mit seiner Argumentation fort.

„Jetzt ist es ganz klar, dass an diesem Ort gerade etwas sehr Seltsames passiert ist. Meiner Meinung nach stehen die Chancen zehn zu eins, dass es etwas Besonderes mit diesem Ort zu tun hat. Wahrscheinlich kam er hierher, weil er es nur hier tun konnte; Ansonsten wirkt es nicht sehr einladend. Aber der Mann wusste es schon lange; Sie sagen, dass es seiner Familie gehörte, sodass meiner Meinung nach insgesamt alles auf etwas in der Konstruktion des Turms selbst hindeutet.“

„Ihre Argumentation scheint mir ausgezeichnet“, sagte Sir Walter, der aufmerksam zuhörte. „Aber was könnte es sein?“

„Sie verstehen jetzt, was ich mit der Leiter meine“, fuhr der Detektiv fort; „Es ist das einzige alte Möbelstück hier und das erste, was mir als Cockney ins Auge fiel. Aber es gibt noch etwas anderes. Der Dachboden dort oben ist eine Art Rumpelkammer ohne Bauholz. Soweit ich sehen kann, ist es genauso leer wie alles andere; und so wie die Dinge liegen, sehe ich keinen Nutzen für die Leiter, die dorthin führt. Da ich hier unten nichts Ungewöhnliches finden kann, scheint es mir, dass es sich lohnen könnte, dort nachzuschauen.“

Er stand zügig von dem Tisch auf, auf dem er saß (denn der einzige Stuhl war Sir Walter zugeteilt) und rannte schnell die Leiter hinauf zur darüber liegenden Plattform. Ihm folgten bald die anderen, wobei Mr. Fisher als Letzter ging, allerdings mit einem Anschein von beträchtlicher Lässigkeit.

Zu diesem Zeitpunkt war ihnen jedoch eine Enttäuschung bevorsteht; Wilson schnüffelte wie ein Terrier in jeder Ecke und untersuchte das Dach fast in der Haltung einer Fliege, doch eine halbe Stunde später mussten sie gestehen, dass sie immer noch ohne Schothorn waren . Sir Walters Privatsekretär schien immer mehr von unangemessenem Schlaf bedroht zu sein, und da er als Letzter die Leiter hinaufgeklettert war, schien ihm nun die Energie zu fehlen, auch nur wieder herunterzuklettern.

„Komm mit, Fisher“, rief Sir Walter von unten, als die anderen wieder das Wort ergriffen hatten. „Wir müssen darüber nachdenken, ob wir den ganzen Ort in Stücke reißen, um zu sehen, woraus er besteht.“

„Ich komme gleich“, sagte die Stimme vom Sims über ihren Köpfen, eine Stimme, die ein wenig an ein deutliches Gähnen erinnerte.

"Worauf wartest du?" fragte Sir Walter ungeduldig. „Kannst du dort etwas sehen?“

„Na ja, in gewisser Weise“, antwortete die Stimme vage. „Tatsächlich sehe ich es jetzt ganz deutlich.“

"Was ist es?" fragte Wilson scharf von dem Tisch aus, an dem er saß und ruhelos mit den Fersen trat.

„Nun, es ist ein Mann", sagte Horne Fisher.

Wilson sprang vom Tisch, als wäre er vom Tisch gestoßen worden. "Wie meinst du das?" er weinte. „Wie kann man überhaupt einen Mann sehen?"

„Ich kann ihn durch das Fenster sehen", antwortete die Sekretärin sanft. „Ich sehe ihn über das Moor kommen. Er zieht eine Bienenlinie über das offene Land in Richtung dieses Turms. Er hat offenbar vor, uns einen Besuch abzustatten. Und wenn man bedenkt, wer es zu sein scheint, wäre es vielleicht höflicher, wenn wir alle an der Tür wären, um ihn zu empfangen." Und gemächlich stieg die Sekretärin die Leiter herunter.

„Wer es zu sein scheint!" wiederholte Sir Walter erstaunt.

„Nun, ich glaube, es ist der Mann, den Sie Prinz Michael nennen", bemerkte Mr. Fisher leichthin. „Tatsächlich bin ich mir sicher, dass es so ist. Ich habe die Polizeiporträts von ihm gesehen."

Es herrschte Totenstille, und Sir Walters sonst so ruhiges Gehirn schien sich wie eine Windmühle zu drehen.

„Aber lass es sein!" Schließlich sagte er: „Selbst wenn man angenommen hätte, dass seine eigene Explosion ihn eine halbe Meile weit weggeschleudert hätte, ohne durch eines der Fenster zu gehen, und ihn lebendig genug für einen Spaziergang auf dem Land gelassen hätte – selbst dann, warum zum Teufel sollte er in diese Richtung gehen?" ? Der Mörder kehrt in der Regel nicht so schnell zum Tatort zurück."

„Er weiß noch nicht, dass es der Tatort ist", antwortete Horne Fisher.

„Was zum Teufel meinst du? Sie schreiben ihm eine ziemlich einzigartige Geisteslosigkeit zu."

„Nun, die Wahrheit ist, es ist nicht der Ort seines Verbrechens", sagte Fisher und schaute aus dem Fenster.

Es herrschte erneut Stille, und dann sagte Sir Walter leise: „Was für eine Vorstellung haben Sie wirklich im Kopf, Fisher?" Haben Sie eine neue Theorie darüber entwickelt, wie dieser Kerl aus dem Ring um ihn herum entkommen konnte?"

„Er ist überhaupt nicht entkommen", antwortete der Mann am Fenster, ohne sich umzudrehen. „Er ist nie aus dem Ring entkommen, weil er nie im Ring war. Er war überhaupt nicht in diesem Turm, zumindest nicht, als wir ihn umzingelten."

Er drehte sich um und lehnte sich gegen das Fenster, doch trotz seiner üblichen lustlosen Art bildeten sie sich fast ein, dass das Gesicht im Schatten etwas blass sei.

„Ich begann, so etwas zu erraten, als wir ein Stück vom Turm entfernt waren", sagte er. „Ist Ihnen dieses Blitzen oder Flackern der Kerze aufgefallen, bevor sie erloschen ist? Ich war mir fast sicher, dass es nur der letzte Sprung der Flamme war, wenn eine Kerze ausbrennt. Und dann kam ich in diesen Raum und sah das."

Er deutete auf den Tisch, und Sir Walter stockte der Atem, als er über seine eigene Blindheit verfluchte. Denn die Kerze im Leuchter war offensichtlich völlig ausgebrannt und ließ ihn, zumindest geistig, völlig im Dunkeln.

„Dann gibt es da noch eine Art mathematische Frage", fuhr Fisher fort, lehnte sich in seiner schlaffen Art zurück und blickte zu den kahlen Wänden hinauf, als würde er dort imaginäre Diagramme nachzeichnen. „Für einen Mann im dritten Winkel ist es nicht so einfach, den anderen beiden gleichzeitig gegenüberzustehen, insbesondere wenn sie sich an der Basis einer gleichschenkligen Linie befinden. Es tut mir leid, wenn es sich wie eine Vorlesung über Geometrie anhört, aber ..."

„Ich fürchte, wir haben keine Zeit dafür", sagte Wilson kalt. „Wenn dieser Mann wirklich zurückkommt, muss ich sofort meine Befehle erteilen."

„Ich denke aber, dass ich weitermachen werde", bemerkte Fisher und starrte mit unverschämter Gelassenheit auf das Dach.

„Ich muss Sie bitten, Mr. Fisher, dass ich meine Untersuchung auf eigene Faust durchführen darf", sagte Wilson bestimmt. „Ich bin jetzt der verantwortliche Beamte."

„Ja", bemerkte Horne Fisher leise, aber mit einem Akzent, der den Zuhörer irgendwie erschreckte. "Ja. Aber warum?"

Sir Walter starrte ihn an, denn so hatte er seinen eher gleichgültigen jungen Freund noch nie zuvor gesehen. Fisher blickte Wilson mit hochgezogenen Lidern an, und die Augen darunter schienen einen Film abgeworfen oder verschoben zu haben, so wie es bei den Augen eines Adlers der Fall ist.

„Warum sind Sie jetzt der verantwortliche Beamte?" er hat gefragt. „Warum können Sie die Untersuchung jetzt auf eigene Faust durchführen? Ich frage mich, wie es dazu kam, dass die älteren Beamten nicht hier sind, um sich in irgendetwas einzumischen, was Sie tun?"

Niemand sprach , und niemand kann sagen, wie schnell jemand seinen Verstand gesammelt hätte, um zu sprechen, als von draußen ein Geräusch kam. Es war das schwere und hohle Geräusch eines Schlags gegen die Tür des Turms, und für ihre erschütterten Gemüter klang es seltsam wie der Hammer des Untergangs.

Die Holztür des Turms bewegte sich in ihren rostigen Angeln unter der Hand, die dagegen schlug, und Prinz Michael betrat den Raum. Niemand hatte den geringsten Zweifel an seiner Identität. Obwohl seine leichte Kleidung von seinen Abenteuern ausgefranst war, war sie von feinem und fast schickem Schnitt, und er trug einen Spitzbart oder Kaiserbart, vielleicht als weitere Reminiszenz an Louis Napoleon; aber er war ein viel größerer und anmutigerer Mann als sein Vorbild. Bevor jemand etwas sagen konnte , brachte er alle mit einer leichten, aber großartigen Geste der Gastfreundschaft für einen Moment zum Schweigen.

„Meine Herren", sagte er, „das ist jetzt ein armer Ort, aber Sie sind herzlich willkommen."

Wilson erholte sich als Erster und machte einen Schritt auf den Neuankömmling zu.

„Michael O'Neill, ich verhafte Sie im Namen des Königs wegen der Ermordung von Francis Morton und James Nolan. Es ist meine Pflicht, Sie zu warnen –"

„Nein, nein, Mr. Wilson", rief Fisher plötzlich. „Du sollst keinen dritten Mord begehen."

Sir Walter Carey erhob sich von seinem Stuhl, der hinter ihm krachend umfiel. „Was bedeutet das alles?" rief er autoritär.

„Das bedeutet", sagte Fisher, „dass dieser Mann, Hooker Wilson, sobald er seinen Kopf durch dieses Fenster gesteckt hatte, seine beiden Kameraden tötete, die ihre Köpfe durch die anderen Fenster gesteckt hatten, indem er quer durch den leeren Raum schoss.". Das ist es, was es bedeutet. Und wenn Sie es wissen wollen, zählen Sie, wie oft er geschossen haben soll, und zählen Sie dann die verbleibenden Ladungen in seinem Revolver."

Wilson, der immer noch auf dem Tisch saß, streckte abrupt eine Hand nach der Waffe aus, die neben ihm lag. Aber die nächste Bewegung war die unerwartetste von allen, denn der Prinz, der in der Tür stand, verwandelte sich plötzlich von der Würde einer Statue in die Schnelligkeit eines Akrobaten und riss dem Detektiv den Revolver aus der Hand.

"Du Hund!" er weinte. „ Sie sind also der Typus der englischen Wahrheit, so wie ich der Typus der irischen Tragödie bin – Sie, der Sie kommen, um mich zu töten, und durch das Blut Ihrer Brüder waten. Wenn sie in einer Fehde am Hang gefallen wären, würde man es Mord nennen, und doch könnte dir deine Sünde vergeben werden. Aber ich, der ich unschuldig bin, sollte feierlich getötet werden. Es gab lange Reden und geduldige Richter, die sich meine vergebliche Unschuldsbeteuerung anhörten, meine Verzweiflung notierten und sie ignorierten. Ja, das nenne ich ein Attentat. Aber Töten darf kein Mord sein; In dieser kleinen Waffe ist noch ein Schuss übrig, und ich weiß, wo er hingehört.

Wilson drehte sich schnell auf dem Tisch um, und noch während er sich umdrehte , wand er sich qualvoll, denn Michael schoss ihm dort, wo er saß, durch den Körper, so dass er wie ein Baumstamm vom Tisch fiel.

Die Polizei eilte herbei, um ihn hochzuheben; Sir Walter stand sprachlos da; und dann sprach Horne Fisher mit einer seltsamen und müden Geste.

„Sie sind in der Tat eine Art irische Tragödie", sagte er. „Du hattest vollkommen recht und hast dich selbst ins Unrecht gebracht."

Das Gesicht des Prinzen war eine Zeit lang wie Marmor, dann dämmerte in seinen Augen ein Leuchten, das dem der Verzweiflung nicht unähnlich war. Er lachte plötzlich und warf die rauchende Pistole auf den Boden.

„Ich habe tatsächlich Unrecht", sagte er. „Ich habe ein Verbrechen begangen, das zu Recht einen Fluch über mich und meine Kinder bringen könnte."

Horne Fisher schien mit dieser plötzlichen Reue nicht ganz zufrieden zu sein; Er behielt den Mann im Auge und sagte nur mit leiser Stimme: „Welches Verbrechen meinen Sie?"

„Ich habe der englischen Justiz geholfen", antwortete Prinz Michael. „Ich habe die Offiziere deines Königs gerächt; Ich habe die Arbeit seines Henkers getan. Dafür habe ich es wirklich verdient, gehängt zu werden."

Und er wandte sich mit einer Geste an die Polizei, die nicht so sehr Kapitulation bedeutete, sondern ihnen vielmehr befahl, ihn zu verhaften.

Dies war die Geschichte, die Horne Fisher viele Jahre später dem Journalisten Harold March in einem kleinen, aber luxuriösen Restaurant in der Nähe von Piccadilly erzählte. Er hatte March einige Zeit nach der Affäre, die er „Das Gesicht im Ziel" nannte , zum Abendessen eingeladen, und das Gespräch hatte sich natürlich auf dieses Mysterium und danach auf frühere Erinnerungen an Fishers Leben und die Art und Weise, wie er dazu gebracht wurde, solche Probleme zu studieren, konzentriert wie die von Prinz Michael. Horne Fisher war fünfzehn Jahre älter; sein dünnes Haar war zu einer Glatze verblasst, und seine langen, dünnen Hände hingen weniger vor Affektiertheit als vielmehr vor Müdigkeit herab. Und er erzählte die Geschichte des irischen Abenteuers seiner Jugend, weil darin die erste Gelegenheit aufgezeichnet war, bei der er jemals mit Kriminalität in Berührung kam oder entdeckte, wie dunkel und schrecklich Kriminalität mit dem Gesetz verwoben sein kann.

„Hooker Wilson war der erste Kriminelle, den ich je kannte, und er war Polizist", erklärte Fisher und drehte sein Weinglas. „Und mein ganzes Leben lang war ich ein verwirrendes Geschäft dieser Art. Er war ein Mann mit echtem Talent und vielleicht sogar Genie, und es lohnte sich, ihn zu studieren, sowohl als Detektiv als auch als Krimineller. Sein weißes Gesicht und sein rotes Haar waren typisch für ihn, denn er war einer von denen, die kalt und doch brennend für Ruhm waren; und er konnte seine Wut kontrollieren, aber seinen Ehrgeiz nicht. Er schluckte die Brüskierungen seiner Vorgesetzten in diesem ersten Streit herunter, obwohl er vor Groll kochte; Doch als er plötzlich die beiden Köpfe sah, die sich dunkel im Morgengrauen abhoben und in den beiden Fenstern eingerahmt waren, konnte er sich nicht nur die Chance auf Rache, sondern auch auf die Beseitigung der beiden Hindernisse für seine Beförderung entgehen lassen. Er war ein absoluter Volltreffer und rechnete damit, beide zum Schweigen zu bringen, obwohl es ohnehin schwierig gewesen wäre, gegen ihn vorzugehen. Aber tatsächlich konnte er nur knapp entkommen, im Fall von Nolan, der gerade lange genug lebte, um „Wilson" zu sagen und zu zeigen. Wir dachten, er rufe Hilfe für seinen Kameraden an, aber in Wirklichkeit denunzierte er seinen Mörder. Danach war es ein Leichtes, die Leiter über sich herunterzuwerfen (denn wer auf einer Leiter hinaufsteigt, kann nicht genau sehen, was sich darunter und dahinter befindet) und sich als weiteres Opfer der Katastrophe auf den Boden zu werfen.

„Aber mit seinem mörderischen Ehrgeiz vermischte sich ein echter Glaube, nicht nur an seine eigenen Talente, sondern auch an seine eigenen Theorien. Er glaubte an das, was er ein frisches Auge nannte, und er wollte Spielraum für neue Methoden. Es war etwas in seiner Sicht, aber es scheiterte dort, wo solche Dinge normalerweise scheitern, weil das frische Auge das Unsichtbare nicht sehen kann. Das gilt zwar für die Leiter und die Vogelscheuche, aber nicht für das Leben und die Seele; und er machte einen großen Fehler in Bezug auf das, was ein Mann wie Michael tun würde, wenn er eine Frau schreien hörte. Michaels ganze Eitelkeit und Prahlerei ließen ihn sofort hinausstürmen; Er wäre für einen Damenhandschuh ins Dublin Castle gegangen. Nennen Sie es seine Pose oder wie Sie wollen, aber er hätte es getan. Was geschah, als er sie traf, ist eine andere Geschichte, die wir vielleicht nie erfahren werden, aber den Geschichten, die ich seitdem gehört habe, zufolge müssen sie sich versöhnt haben. Wilson hatte da Unrecht; Aber dennoch war da etwas in seiner Vorstellung, das der Neuankömmling am meisten sieht und dass der Mann vor Ort vielleicht zu viel weiß, um etwas zu wissen. In manchen Dingen hatte er Recht. Er hatte Recht mit mir."

"Über dich?" fragte Harold March verwundert.

„Ich bin der Mann, der zu viel weiß, um etwas zu wissen oder zumindest etwas zu tun", sagte Horne Fisher. „Ich meine nicht besonders Irland. Ich meine über England. Ich meine die Art und Weise, wie wir regiert werden, und vielleicht die einzige Art und Weise, wie wir regiert werden können. Sie haben mich gerade gefragt, was aus den Überlebenden dieser Tragödie geworden ist. Nun, Wilson erholte sich und es gelang uns, ihn zum Rücktritt zu überreden. Aber wir mussten diesen verabscheuungswürdigen Mörder prächtiger pensionieren als jeden Helden, der jemals für England gekämpft hat. Es gelang mir, Michael vor dem Schlimmsten zu bewahren, aber wir mussten diesen völlig unschuldigen Mann wegen eines Verbrechens, von dem wir wissen, dass er es nie begangen hatte, in die Zuchthausstrafe schicken, und erst danach konnten wir auf hinterhältige Weise seine Flucht herbeiführen. Und Sir Walter Carey ist Premierminister dieses Landes, was er wahrscheinlich nie gewesen wäre, wenn in seinem Ministerium die Wahrheit über einen so schrecklichen Skandal ans Licht gekommen wäre. Für uns in Irland hätte es durchaus genügen können; es hätte ihm bestimmt geholfen. Und er ist der alte Freund meines Vaters und hat mich immer mit Freundlichkeit überhäuft. Wissen Sie, ich bin zu sehr mit der ganzen Sache beschäftigt, und ich bin sicherlich nicht dafür geboren, sie in Ordnung zu bringen. Du siehst verzweifelt aus, um nicht zu sagen schockiert, und ich bin überhaupt nicht beleidigt darüber. Lassen Sie uns auf jeden Fall das Thema wechseln, wenn Sie möchten. Was halten Sie von diesem Burgunder? Es ist eher eine Entdeckung von mir, wie das Restaurant selbst.“

Und er fuhr fort, gelehrt und üppig über alle Weine der Welt zu reden; Auch zu diesem Thema würden einige Moralisten meinen, dass er zu viel wusste.

III. DIE SEELE DES SCHULJUNGEN

Um den wilden und zickzackförmigen Verlauf einer Tagesreise eines Onkels und seines Neffen darzustellen, wäre eine große Karte von London erforderlich; oder, um genauer zu sein, von einem Neffen und seinem Onkel. Denn der Neffe, ein Schuljunge im Urlaub, war theoretisch der Gott im Auto, im Taxi, in der Straßenbahn, in der U-Bahn usw., während sein Onkel höchstens ein Priester war, der vor ihm tanzte und Opfer darbrachte. Um es nüchterner auszudrücken: Der Schuljunge hatte etwas von der spießigen Miene eines jungen Herzogs auf großer Tour, während sein älterer Verwandter auf die Position eines Kuriers reduziert wurde, der dennoch wie ein Gönner für alles bezahlen musste. Der Schuljunge war offiziell als Summers Minor bekannt und in gesellschaftlicher Hinsicht als Stinks bekannt, die einzige öffentliche Hommage an seine Karriere als Amateurfotograf und Elektriker. Der Onkel war Rev. Thomas Twyford , ein schlanker und lebhafter alter Herr mit einem roten, eifrigen Gesicht und weißem Haar. Er war im gewöhnlichen Sinne ein Landgeistlicher, aber er gehörte zu denen, die das Paradoxon erreichen, auf unbekannte Weise berühmt zu werden, weil sie in einer unbekannten Welt berühmt sind. In einem kleinen Kreis kirchlicher Archäologen, die als einzige die Entdeckungen der anderen überhaupt verstehen konnten, nahm er einen anerkannten und respektablen Platz ein. Und ein Kritiker hätte sogar auf der Tagesreise mindestens ebenso viel vom Hobby des Onkels wie vom Urlaub des Neffen entdecken können.

Seine ursprüngliche Absicht war völlig väterlich und festlich gewesen. Aber wie viele andere intelligente Menschen war er nicht über die Schwäche hinaus, mit einem Spielzeug zu spielen, um sich zu unterhalten, basierend auf der Theorie, dass es ein Kind unterhalten würde. Seine Spielzeuge waren Kronen und Mitra und Bischofsstab und Staatsschwerter; und er hatte bei ihnen verweilt und sich gesagt, dass der Junge alle Sehenswürdigkeiten Londons sehen sollte. Und am Ende des Tages, nach einem gewaltigen Tee, gab er das Spiel lieber auf, indem er einen Besuch abschloss, an dem kaum ein menschlicher Junge Interesse gezeigt hätte – eine unterirdische Kammer, die vor Kurzem eine Kapelle gewesen sein soll am Nordufer der Themse ausgegraben und enthielt buchstäblich nichts außer einer alten Silbermünze. Aber für diejenigen, die es wussten, war die Münze einsamer und prächtiger als der Koh-i-noor . Es war römisch und soll den Kopf des heiligen Paulus tragen; und um ihn herum tobten die heftigsten Kontroversen über die alte britische Kirche. Es ließ sich jedoch kaum leugnen, dass die Kontroversen Summers Minor vergleichsweise kalt ließen.

Tatsächlich hatten die Dinge, die Summers Minor interessierten, und die Dinge, die ihn nicht interessierten, seinen Onkel mehrere Stunden lang verwirrt und amüsiert. Er zeigte die verblüffende Unwissenheit und das verblüffende Wissen eines englischen Schuljungen – Wissen über eine spezielle Klassifizierung, mit der er seine Älteren im Allgemeinen korrigieren und verwirren kann. Er hielt es für berechtigt, an einem Feiertag in Hampton Court die Namen von Kardinal Wolsey oder Wilhelm von Oranien zu vergessen; doch einige Einzelheiten über die Anordnung der elektrischen Klingeln im Nachbarhotel ließen ihn kaum los. Er war völlig benommen von der Westminster Abbey, was nicht so unnatürlich ist, da diese Kirche zur Rumpelkammer der größeren und weniger erfolgreichen Bildhauerkunst des 18. Jahrhunderts wurde. Aber er verfügte über eine magische und genaue Kenntnis der Westminster-Omnibusse und tatsächlich des gesamten Omnibussystems von London, deren Farben und Zahlen er kannte wie ein Herold sich mit Heraldik auskennt. Er würde gegen eine vorübergehende Verwechslung zwischen einem hellgrünen Paddington- und einem dunkelgrünen Bayswater- Fahrzeug aufschreien, wie sein Onkel es tun würde, wenn er eine griechische Ikone und ein römisches Bild identifizierte.

„Sammeln Sie Omnibusse wie Briefmarken?" fragte sein Onkel. „Sie müssen ein ziemlich großes Album brauchen. Oder bewahren Sie sie in Ihrem Spind auf?"

„Ich behalte sie im Kopf", antwortete der Neffe mit legitimer Festigkeit.

„Das macht Ihnen Ehre, das gebe ich zu", antwortete der Geistliche. „Ich nehme an, es wäre vergeblich zu fragen, zu welchem Zweck Sie das aus tausend Dingen gelernt haben. Es scheint kaum eine Karriere darin zu geben, es sei denn, man könnte ständig auf dem Bürgersteig stehen, um zu verhindern, dass alte Damen in den falschen Bus steigen. Nun, wir müssen da raus, denn das ist unser Platz. Ich möchte Ihnen zeigen, was sie St. Paul's Penny nennen."

„Ist es wie die St. Paul's Cathedral?" fragte die Jugend resigniert, als sie ausstieg.

Als sie den Eingang erreichten, wurden ihre Blicke von einer seltsamen Gestalt angehalten, die dort offensichtlich mit einem ähnlichen Verlangen herumstand, einzutreten. Es handelte sich um einen dunklen, dünnen Mann in einem langen schwarzen Gewand, das eher einer Soutane ähnelte; aber die schwarze Mütze auf seinem Kopf hatte eine zu seltsame Form, um ein Biretta zu sein. Es deutete vielmehr auf einen archaischen Kopfschmuck aus Persien oder Babylon hin. Er hatte einen merkwürdigen schwarzen Bart, der nur an den Ecken seines Kinns hervortrat, und seine großen Augen saßen seltsam in seinem Gesicht wie die flachen, dekorativen Augen, die in alten ägyptischen Profilen gemalt waren. Bevor sie mehr als nur einen allgemeinen

Eindruck von ihm gewonnen hatten, war er schon durch die Tür gesprungen, die ihr eigenes Ziel darstellte.

Über der Erde war von dem versunkenen Heiligtum nichts zu sehen außer einer stabilen Holzhütte, wie sie kürzlich für viele militärische und offizielle Zwecke errichtet wurde, deren Holzboden tatsächlich nur eine Plattform über dem ausgegrabenen Hohlraum darunter war. Draußen stand ein Soldat als Wache, und drinnen saß ein vorgesetzter Soldat, ein angesehener anglo-indischer Offizier, am Schreibtisch und schrieb. Tatsächlich stellten die Touristen bald fest, dass diese besondere Sehenswürdigkeit mit den außergewöhnlichsten Vorsichtsmaßnahmen umgeben war. Ich habe die Silbermünze mit dem Koh-i-noor verglichen , und in gewisser Hinsicht war sie sogar konventionell vergleichbar, da sie durch einen historischen Zufall einst fast zu den Kronjuwelen oder zumindest zu den Kronreliquien gezählt wurde, bis zu einem bestimmten Zeitpunkt Einer der königlichen Fürsten stellte es öffentlich in den Schrein zurück, zu dem es gehören sollte. Andere Gründe führten dazu, dass die offizielle Wachsamkeit darauf konzentriert wurde. Es hatte Angst vor Spionen gegeben, die Sprengstoff in kleinen Gegenständen trugen, und einer dieser experimentellen Befehle, die wie Wellen über die Bürokratie gehen, hatte zunächst verfügt, dass alle Besucher ihre Kleidung gegen eine Art offizielles Sacktuch austauschen sollten, und dann (als diese Methode einiges verursachte) murmelt), dass sie zumindest ihre Taschen herausdrehen sollten. Oberst Morris, der verantwortliche Offizier, war ein kleiner, aktiver Mann mit einem grimmigen, ledrigen Gesicht, aber einem lebhaften und humorvollen Blick – ein Widerspruch, der durch sein Verhalten bestätigt wurde, denn er verspottete die Sicherheitsmaßnahmen und bestand dennoch auf ihnen.

„Ich interessiere mich selbst nicht im Geringsten für Pauls Penny oder solche Dinge", gab er als Antwort auf einige antiquarische Bemerkungen des Geistlichen zu, der ihn einigermaßen kannte, „aber ich trage den Mantel des Königs, wissen Sie, und er ist ein Es ist eine ernste Sache, wenn der Onkel des Königs etwas mit seinen eigenen Händen unter meiner Obhut hinterlässt. Aber was Heilige, Reliquien und andere Dinge angeht, fürchte ich, dass ich ein bisschen ein Voltairianer bin ; was man einen Skeptiker nennen würde."

„Ich bin mir nicht sicher, ob es überhaupt skeptisch ist, an die königliche Familie und nicht an die ‚Heilige' Familie zu glauben", antwortete Herr Twyford . „Aber natürlich kann ich meine Taschen ganz einfach leeren, um zu zeigen, dass ich keine Bombe bei mir habe."

Der kleine Haufen Besitztümer des Pfarrers, den er auf dem Tisch liegen ließ, bestand hauptsächlich aus Papieren, außerdem einer Pfeife und einem Tabakbeutel sowie einigen römischen und sächsischen Münzen. Der Rest waren Kataloge alter Bücher und Broschüren, wie eines mit dem Titel „Der

Gebrauch von Sarum", bei dem ein Blick sowohl für den Oberst als auch für den Schuljungen genügte. Sie konnten den Nutzen von Sarum überhaupt nicht erkennen. Der Inhalt der Taschen des Jungen bildete natürlich einen größeren Haufen und umfasste Murmeln, ein Knäuel Schnur, eine elektrische Taschenlampe, einen Magneten, ein kleines Katapult und natürlich ein großes Taschenmesser, das man fast als kleinen Werkzeugkasten bezeichnen könnte , ein komplexes Gerät, mit dem er sich offenbar gerne beschäftigte, und wies darauf hin, dass es sich dabei um eine Zange, ein Werkzeug zum Stanzen von Löchern in Holz und vor allem um ein Instrument zum Entfernen von Steinen aus einem Pferdehuf handelte. Das verhältnismäßige Fehlen eines Pferdes schien er für irrelevant zu halten, als wäre es nur ein leicht zu ergänzendes Anhängsel. Doch als der Herr im schwarzen Kleid an der Reihe war, zückte er nicht die Taschen, sondern breitete nur die Hände aus.

„Ich habe keinen Besitz", sagte er.

„Ich fürchte, ich muss Sie bitten, Ihre Taschen zu leeren und sicherzugehen", bemerkte der Oberst schroff.

„Ich habe keine Taschen", sagte der Fremde.

Mr. Twyford betrachtete das lange schwarze Kleid mit gelehrtem Blick.

„Bist du ein Mönch?" fragte er verwirrt.

„Ich bin ein Magier", antwortete der Fremde. „Du hast vielleicht von den Magiern gehört? Ich bin ein Zauberer."

„Oh, sage ich!" rief Summers Minor mit hervorstehenden Augen.

„Aber ich war einmal Mönch", fuhr der andere fort. „Ich bin das, was man einen entflohenen Mönch nennen würde. Ja, ich bin in die Ewigkeit geflohen. Aber die Mönche vertraten zumindest eine Wahrheit: Das höchste Leben sollte ohne Besitz sein. Ich habe kein Taschengeld und keine Taschen, und alle Sterne sind meine Schmuckstücke."

„Sie sind sowieso außer Reichweite", bemerkte Colonel Morris in einem Ton, der andeutete, dass es für sie gut sei. „Ich habe selbst viele Zauberer in Indien kennengelernt – Mangopflanzen und alles. Aber die indischen sind alles Schwindel, das schwöre ich. Tatsächlich hat es mir großen Spaß gemacht, sie zu zeigen. Jedenfalls macht mir dieser triste Job mehr Spaß als mir. Aber hier kommt Mr. Symon, der Ihnen den alten Keller unten zeigen wird."

Mr. Symon, der offizielle Vormund und Führer, war ein junger Mann, vorzeitig ergraut, mit einem ernsten Mund, der einen merkwürdigen Kontrast zu einem sehr kleinen, dunklen Schnurrbart mit gewachsten Spitzen bildete, der irgendwie davon getrennt zu sein schien, als wäre es eine Kriebelmücke gewesen ließ sich auf seinem Gesicht nieder. Er sprach mit dem Akzent von Oxford und dem des ständigen Beamten, aber auf eine ebenso tote Art wie der gleichgültigste angeheuerte Führer. Sie stiegen eine dunkle Steintreppe hinab, auf deren Boden Symon einen Knopf drückte und sich eine Tür zu einem dunklen Raum öffnete, oder besser gesagt zu einem Raum, der einen Augenblick zuvor dunkel gewesen war. Denn gerade als die schwere Eisentür aufschwang, erfüllte ein fast blendender Schein elektrischer Lichter den gesamten Innenraum. Stinks' wechselhafte Begeisterung entfachte sofort Feuer und er fragte eifrig, ob die Lichter und die Tür zusammenarbeiteten.

„Ja, es ist alles ein System", antwortete Symon. „Es war alles für den Tag vorbereitet, an dem Seine Königliche Hoheit das Ding hier deponierte. Sehen Sie, es ist genau so hinter einer Glasvitrine verschlossen, wie er es zurückgelassen hat."

Ein Blick zeigte, dass die Vorkehrungen zur Bewachung des Schatzes tatsächlich ebenso streng wie einfach waren. Eine einzelne Glasscheibe schnitt eine Ecke des Raumes ab und war in einem Eisenrahmen eingelassen, der in die Felswände und das darüber liegende Holzdach eingelassen war. Jetzt gab es keine Möglichkeit mehr, den Koffer ohne aufwändige Arbeit wieder zu öffnen, außer durch Zerbrechen des Glases, was wahrscheinlich den Nachtwächter wecken würde, der sich immer in der Nähe des Schranks aufhielt, selbst wenn er eingeschlafen war. Eine genaue Untersuchung hätte noch viel mehr raffinierte Sicherheitsvorkehrungen ergeben; Aber zumindest der Blick von Rev. Thomas Twyford war bereits auf das gerichtet, was ihn viel mehr interessierte – die matte silberne Scheibe, die im weißen Licht vor einem schlichten Hintergrund aus schwarzem Samt leuchtete.

„St. „Pauls Penny, der angeblich an den Besuch des heiligen Paulus in Großbritannien erinnern soll, wurde wahrscheinlich bis zum achten Jahrhundert in dieser Kapelle aufbewahrt", sagte Symon mit seiner klaren, aber farblosen Stimme. „Im neunten Jahrhundert soll es von den Barbaren verschleppt worden sein und taucht nach der Bekehrung der Nordgoten im Besitz der königlichen Familie von Gotland wieder auf . Seine Königliche Hoheit, der Herzog von Gothland , behielt es immer in seiner privaten Obhut, und als er beschloss, es der Öffentlichkeit auszustellen, platzierte er es hier mit eigener Hand. Es wurde sofort auf diese Weise versiegelt –"

Unglücklicherweise erblickte Summers Minor, dessen Aufmerksamkeit etwas von den Religionskriegen des neunten Jahrhunderts abgelenkt war, zu diesem Zeitpunkt ein kurzes Stück Draht, das in einer kaputten Stelle in der Wand auftauchte. Er stürzte sich darauf und rief: „Ich sage, passt das zusammen?"

Es war offensichtlich, dass es eine Verbindung herstellte, denn kaum hatte der Junge daran gezuckt, wurde der ganze Raum schwarz, als wären sie alle blind geworden, und einen Augenblick später hörten sie das dumpfe Krachen der sich schließenden Tür.

„Nun, jetzt haben Sie es geschafft", sagte Symon auf seine ruhige Art. Dann, nach einer Pause, fügte er hinzu: „Ich nehme an, dass sie uns früher oder später vermissen werden, und zweifellos können sie es öffnen; aber es kann einige Zeit dauern."

Es herrschte Stille, und dann bemerkten die unbesiegbaren Stinks:

„Schade, dass ich meine Taschenlampe zurücklassen musste."

„Ich denke", sagte sein Onkel zurückhaltend, „dass wir von Ihrem Interesse an Elektrizität hinreichend überzeugt sind."

Dann, nach einer Pause, bemerkte er freundlicher: „Ich nehme an, wenn ich eines meiner eigenen Impedimenta bereuen würde, wäre es die Pfeife. Tatsächlich macht es jedoch keinen großen Spaß, im Dunkeln zu rauchen. Im Dunkeln scheint alles anders."

„Im Dunkeln ist alles anders", sagte eine dritte Stimme, die des Mannes, der sich selbst einen Zauberer nannte. Es war eine sehr musikalische Stimme und stand in ziemlichem Kontrast zu seinem finsteren und dunklen Gesicht, das jetzt unsichtbar war. „Vielleicht wissen Sie nicht, wie schrecklich das ist. Alles, was Sie sehen, sind Bilder der Sonne, Gesichter und Möbel sowie Blumen und Bäume. Die Dinge selbst mögen für Sie ziemlich seltsam sein. Möglicherweise steht jetzt etwas anderes an der Stelle, an der Sie einen Tisch oder einen Stuhl gesehen haben. Das Gesicht Ihres Freundes kann im Dunkeln ganz anders aussehen."

Ein kurzes, unbeschreibliches Geräusch durchbrach die Stille. Twyford zuckte kurz zusammen und sagte dann scharf:

„Wirklich, ich glaube nicht, dass es ein geeigneter Anlass ist, einem Kind Angst zu machen."

„Wer ist ein Kind?" rief der empörte Summers mit einer Stimme, die wie eine Krähe klang, aber auch etwas knackte. „Und wer ist denn auch ein Spinner? Nicht ich."

„Dann werde ich schweigen", sagte die andere Stimme aus der Dunkelheit. „Aber Stille macht und macht auch unheilbar."

Das erforderliche Schweigen blieb lange Zeit ungebrochen, bis der Geistliche schließlich mit leiser Stimme zu Symon sagte:

„Ich nehme an, das mit der Luft ist in Ordnung?"

„Oh ja", antwortete der andere laut; „Es gibt einen Kamin und einen Schornstein im Büro direkt neben der Tür."

Ein Satz und das Geräusch eines fallenden Stuhls verrieten ihnen, dass sich die unbändige heranwachsende Generation erneut durch den Raum gestürzt hatte. Sie hörten den Ausruf: „Ein Schornstein! Na ja, ich werde …" und der Rest versank in gedämpften, aber jubelnden Schreien.

Der Onkel rief wiederholt und vergeblich, tastete sich schließlich zur Öffnung vor und erhaschte, als er hineinspähte, einen flüchtigen Blick auf eine Scheibe Tageslicht, die darauf hindeutete, dass der Flüchtling in Sicherheit verschwunden war. Auf dem Weg zurück zu der Gruppe neben der Glasvitrine fiel er über den umgestürzten Stuhl und brauchte einen Moment, um sich wieder zu sammeln. Er hatte den Mund geöffnet, um mit Symon zu sprechen, als er innehielt und plötzlich im vollen Schock des weißen Lichts blinzelte, und als er über die Schulter des anderen Mannes blickte, sah er, dass die Tür offen stand.

„ Also haben sie uns endlich erwischt", stellte er Symon gegenüber fest.

Der Mann im schwarzen Gewand lehnte einige Meter entfernt an der Wand und hatte ein Lächeln im Gesicht.

„Hier kommt Colonel Morris", fuhr Twyford fort , während er immer noch mit Symon sprach. „Einer von uns muss ihm erzählen, wie das Licht ausgegangen ist. Wirst du?"

Aber Symon sagte immer noch nichts. Er stand regungslos wie eine Statue und blickte unverwandt auf den schwarzen Samt hinter der Glasscheibe. Er blickte auf den schwarzen Samt, weil es sonst nichts zu sehen gab. St. Paul's Penny war weg.

Colonel Morris betrat den Raum mit zwei neuen Besuchern; vermutlich zwei neue Touristen, die durch den Unfall aufgehalten wurden. Der vorderste war ein großer, blonder, eher träge aussehender Mann mit kahler Stirn und hoher Nase; sein Begleiter war ein jüngerer Mann mit hellem, lockigem Haar und offenen, ja sogar unschuldigen Augen. Symon schien die Neuankömmlinge kaum zu hören; es schien fast so, als hätte er nicht bemerkt, dass die Rückkehr des Lichts seine grüblerische Haltung offenbarte. Dann zuckte er schuldbewusst zusammen, und als er den älteren der beiden Fremden sah, schien sein blasses Gesicht noch eine Spur blasser zu werden.

„Warum es Horne Fisher ist!" und dann, nach einer Pause, sagte er mit leiser Stimme: „Ich stecke in der Hölle, Fisher."

„Es scheint ein kleines Rätsel zu lösen, das geklärt werden muss", bemerkte der so angesprochene Herr.

„Es wird nie aufgeklärt werden", sagte der blasse Symon. „Wenn es jemand aufklären könnte, dann könnten Sie es. Aber niemand konnte es."

„Ich glaube eher, dass ich es könnte", sagte eine andere Stimme von außerhalb der Gruppe, und sie drehten sich überrascht um, als sie merkten, dass der Mann in der schwarzen Robe wieder gesprochen hatte.

"Du!" sagte der Oberst scharf. „Und wie wollen Sie den Detektiv spielen?"

„Ich habe nicht vor, den Detektiv zu spielen", antwortete der andere mit klarer Stimme wie eine Glocke. „Ich schlage vor, den Zauberer zu spielen. Einer der Zauberer, die Sie in Indien auftauchen, Colonel."

Einen Moment lang sprach niemand etwas, und dann überraschte Horne Fisher alle mit den Worten: „Nun, gehen wir nach oben, und dieser Herr kann es versuchen."

Er stoppte Symon, der einen automatischen Finger auf den Knopf hatte, und sagte: „Nein, lass alle Lichter an." Es ist eine Art Schutz."

„Das Ding kann jetzt nicht weggenommen werden", sagte Symon bitter.

„Es kann zurückgestellt werden", antwortete Fisher.

Twyford war bereits nach oben gerannt, um sich über das Verschwinden seines Neffen zu informieren, und er erhielt die Nachricht von ihm auf eine Weise, die ihn gleichzeitig verwirrte und beruhigte. Im Stockwerk darüber lag einer dieser großen Papierpfeile, mit denen Jungen sich gegenseitig bewerfen, wenn der Schulmeister nicht im Zimmer ist. Offensichtlich war es ins Fenster geworfen worden, und als man es auffaltete, zeigte es ein Gekritzel schlechter Handschrift, das lautete: „Lieber Onkel; Mir geht es gut. Wir treffen uns später im Hotel", und dann die Unterschrift.

Der Geistliche fühlte sich dadurch unmerklich getröstet und merkte, dass seine Gedanken freiwillig zu seiner Lieblingsreliquie zurückkehrten, die in seiner Sympathie für seinen Lieblingsneffen einen guten zweiten Platz einnahm, und bevor er wusste, wo er war, wurde er von der Gruppe umringt, die über ihren Verlust und mehr diskutierte oder weniger mitgerissen von der Strömung ihrer Aufregung. Aber eine unterschwellige Frage ging ihm weiterhin durch den Kopf, was mit dem Jungen wirklich passiert war und wie der Junge genau definierte, dass es ihm gut ging.

Mittlerweile hatte Horne Fisher mit seinem neuen Ton und seiner neuen Einstellung alle ziemlich verwirrt. Er hatte mit dem Oberst über die militärischen und mechanischen Vorkehrungen gesprochen und zeigte ein bemerkenswertes Wissen sowohl über die Einzelheiten der Disziplin als auch über die technischen Einzelheiten der Elektrizität. Er hatte mit dem Geistlichen gesprochen und zeigte ein ebenso überraschendes Wissen über die religiösen und historischen Interessen, die mit der Reliquie verbunden sind. Er hatte mit dem Mann gesprochen, der sich selbst einen Zauberer nannte, und die Gesellschaft nicht nur überrascht, sondern empört, weil er mit den fantastischsten Formen des orientalischen Okkultismus und psychischen Experimenten ebenso sympathisch vertraut war. Und in dieser letzten und am wenigsten respektablen Fragestellung war er offensichtlich bereit, am weitesten zu gehen; Er ermutigte den Magier offen und war offensichtlich bereit, den wildesten Forschungsmethoden zu folgen, zu denen dieser Magier ihn führen konnte.

„Wie würden Sie jetzt anfangen?" erkundigte er sich mit einer besorgten Höflichkeit, die den Oberst in einen Wutanfall versetzte.

„Es ist alles eine Frage der Kraft; „Es geht darum, Verbindungen für eine Truppe herzustellen", antwortete dieser Adept freundlich und ignorierte einige militärische Gemurmel über die Polizei. „Es ist das, was man im Westen früher als tierischen Magnetismus bezeichnete, aber es ist viel mehr als das." Ich sage besser nicht, wie viel mehr. Die übliche Methode besteht darin, eine empfängliche Person in Trance zu versetzen, die als eine Art Brücke oder Kommunikationskabel dient, durch die die Kraft dahinter ihr sozusagen einen elektrischen Schlag versetzen und sie erwecken kann seine höheren Sinne. Es öffnet das schlafende Auge des Geistes."

„Ich bin verdächtig ", sagte Fisher entweder schlicht oder mit verblüffender Ironie. „Warum öffne ich nicht mein geistiges Auge für mich? Mein Freund Harold March hier wird Ihnen sagen, dass ich manchmal Dinge sehe, sogar im Dunkeln."

„Niemand sieht etwas außer im Dunkeln", sagte der Zauberer.

Schwere Wolken des Sonnenuntergangs schlossen sich um die Holzhütte, riesige Wolken, von denen durch das kleine Fenster nur die Ecken zu sehen waren, wie lila Hörner und Schwänze, fast so, als würden riesige Monster umherstreifen. Aber das Lila vertiefte sich bereits zu Dunkelgrau; es würde bald Nacht sein.

„Zünde die Lampe nicht an", sagte der Magier mit ruhiger Autorität und stoppte eine Bewegung in diese Richtung. „Ich habe dir schon einmal gesagt, dass Dinge nur im Dunkeln passieren."

Wie ausgerechnet im Büro des Obersts solch eine verdrehte Szene überhaupt toleriert werden konnte, war im Nachhinein für viele, auch für den Oberst, ein Rätsel. Sie erinnerten sich daran wie an eine Art Albtraum, als etwas, das sie nicht kontrollieren konnten. Vielleicht hatte der Mesmerist tatsächlich eine Anziehungskraft; Vielleicht strahlte der faszinierte Mann sogar noch mehr Anziehungskraft aus. Wie auch immer, der Mann war fasziniert, denn Horne Fisher war mit lockeren, ausgestreckten langen

Gliedmaßen auf einem Stuhl zusammengebrochen und seine Augen starrten ins Leere; und der andere Mann faszinierte ihn, indem er mit seinen dunkel drapierten Armen schwungvolle Bewegungen ausführte, als ob sie schwarze Flügel hätten. Der Oberst hatte den Punkt der Explosion überschritten und wurde sich dunkel bewusst, dass exzentrischen Aristokraten eine Affäre erlaubt ist. Er tröstete sich mit dem Wissen, dass er bereits die Polizei gerufen hatte, die jede solche Maskerade auflösen würde, und mit dem Anzünden einer Zigarre, deren rotes Ende in der zunehmenden Dunkelheit vor Protest glühte.

„Ja, ich sehe Taschen", sagte der Mann in Trance. „Ich sehe viele Taschen, aber sie sind alle leer. NEIN; Ich sehe eine Tasche, die nicht leer ist."

In der Stille herrschte eine leichte Bewegung, und der Zauberer sagte: „Können Sie sehen, was in der Tasche ist?"

„Ja", antwortete der andere; „Es gibt zwei helle Dinge. Ich glaube, es sind zwei Stücke Stahl. Eines der Stahlstücke ist verbogen oder schief."

„Wurden sie bei der Entfernung der Reliquie von unten verwendet?"

"Ja."

Es entstand eine weitere Pause und der Fragesteller fügte hinzu: „Sehen Sie etwas von der Reliquie selbst?"

„Ich sehe etwas auf dem Boden leuchten, wie einen Schatten oder einen Geist davon. Es ist dort drüben in der Ecke hinter dem Schreibtisch."

Es gab eine Bewegung der Männer, die sich umdrehten, und dann eine plötzliche Stille, als ob sie sich versteiften, denn drüben in der Ecke auf dem Holzboden war tatsächlich ein runder Fleck aus blassem Licht. Es war der einzige Lichtfleck im Raum. Die Zigarre war ausgegangen.

„Es weist den Weg", erklang die Stimme des Orakels. „Die Geister weisen den Weg zur Buße und drängen den Dieb zur Wiedergutmachung. Ich kann nichts mehr sehen." Seine Stimme verstummte in einer Stille, die viele Minuten lang anhielt, wie die lange Stille unten, als der Diebstahl begangen worden war. Dann wurde es durch das Klingeln von Metall auf dem Boden und das Geräusch von etwas zerbrochen, das sich drehte und fiel wie ein geworfener halber Penny.

„Zünde die Lampe an!" rief Fisher mit lauter und gleichmäßig fröhlicher Stimme und sprang weit weniger träge als sonst auf. „Ich muss jetzt gehen, aber ich würde es gerne sehen, bevor ich gehe. Ich bin absichtlich hergekommen, um es zu sehen."

Die Lampe brannte, und er sah sie, denn St. Paul's Penny lag zu seinen Füßen auf dem Boden.

Twyford beim Mittagessen unterhielt , „ich wollte einfach nur mit dem Zauberer sein eigenes Spiel spielen."

„Ich dachte, du wolltest ihn in seine eigene Falle locken", sagte Twyford . „Ich kann mir noch nichts vorstellen, aber meiner Meinung nach war er immer der Verdächtige. Ich glaube nicht, dass er unbedingt ein Dieb im gewöhnlichen Sinne war. Die Polizei scheint immer zu glauben, dass Silber um des Silbers willen gestohlen wird, aber so etwas könnte auch aus religiösem Wahn gestohlen worden sein. Ein entlaufener Mönch, der zum Mystiker geworden ist, könnte es durchaus für einen mystischen Zweck haben wollen."

„Nein", antwortete Fisher, „der entlaufene Mönch ist kein Dieb. Auf jeden Fall ist er nicht der Dieb. Und er ist auch nicht ganz ein Lügner. Er hat an diesem Abend zumindest eine wahre Sache gesagt."

„Und was war das?" erkundigte sich März.

„ Er sagte, es sei alles Magnetismus. Tatsächlich geschah dies mithilfe eines Magneten." Dann, als er sah, dass sie immer noch verwirrt aussahen, fügte er hinzu: „Es war der Spielzeugmagnet, der Ihrem Neffen gehörte, Mr. Twyford ."

„Aber ich verstehe es nicht", wandte March ein. „Wenn es mit dem Magneten des Schülers gemacht wurde, vermute ich, dass es vom Schüler gemacht wurde."

„Nun", antwortete Fisher nachdenklich, „es kommt eher darauf an, welcher Schüler."

„Was zum Teufel meinst du?"

„Die Seele eines Schuljungen ist eine merkwürdige Sache", fuhr Fisher auf meditative Weise fort. „Außer dem Herausklettern aus einem Schornstein kann es noch vieles überstehen. Ein Mann kann in großen Feldzügen ergrauen und trotzdem die Seele eines Schuljungen haben. Ein Mann kann mit einem großen Ruf aus Indien zurückkehren und mit der Leitung eines großen öffentlichen Schatzes betraut werden und dennoch die Seele eines Schuljungen haben, der darauf wartet, durch einen Unfall geweckt zu werden. Und das gilt um das Zehnfache, wenn man zu dem Schuljungen noch den Skeptiker hinzufügt, der im Allgemeinen eine Art verkümmerter Schuljunge ist. Sie sagten gerade, dass die Dinge durch religiösen Wahn verursacht werden könnten. Haben Sie jemals von irreligiösem Wahn gehört? Ich versichere Ihnen, dass es sehr gewalttätig ist, besonders bei Männern, die in Indien gerne bei Zauberern auftauchen. Aber hier geriet der Skeptiker in die Versuchung, eine weitaus schlimmere Täuschung näher zu Hause aufzudecken."

Ein Leuchten trat in Harold Marchs Augen, als er plötzlich, wie aus weiter Ferne, die umfassendere Bedeutung des Vorschlags erkannte. Aber Twyford kämpfte immer noch mit einem Problem nach dem anderen.

„Meinen Sie wirklich", sagte er, „dass Colonel Morris die Reliquie mitgenommen hat?"

„Er war der einzige Mensch, der den Magneten benutzen konnte", antwortete Fisher. „Tatsächlich hat Ihr zuvorkommender Neffe ihm eine Reihe von Dingen hinterlassen, die er gebrauchen konnte. Er hatte einen Fadenknäuel und ein Instrument, um ein Loch in den Holzboden zu bohren – ich habe übrigens in meiner Trance ein wenig mit diesem Loch im Boden gespielt; Als die Lichter unten an blieben, leuchtete es wie ein neuer Schilling." Twyford sprang plötzlich auf seinen Stuhl. „Aber in diesem Fall", rief er mit neuer und veränderter Stimme, „warum dann natürlich – Sie sagten ein Stück Stahl –?"

„Ich sagte, es gäbe zwei Stahlstücke", sagte Fisher. „Das gebogene Stück Stahl war der Magnet des Jungen. Das andere war die Reliquie in der Vitrine."

„Aber das ist Silber", antwortete der Archäologe mit einer Stimme, die jetzt kaum noch wiederzuerkennen war.

„Oh", antwortete Fisher beruhigend, „ich wage zu behaupten, dass es ein wenig mit Silber bemalt war."

Es herrschte tiefes Schweigen, und schließlich sagte Harold March: „Aber wo ist die wahre Reliquie?"

„Wo es seit fünf Jahren liegt", antwortete Horne Fisher, „im Besitz eines verrückten Millionärs namens Vandam in Nebraska." Neulich gab es in einer Gesellschaftszeitung ein verspieltes kleines Foto über ihn, auf dem seine Wahnvorstellungen erwähnt wurden und es hieß, er würde sich ständig auf Reliquien einlassen."

Harold March blickte stirnrunzelnd auf die Tischdecke. dann, nach einer Pause, sagte er: „Ich glaube, ich verstehe Ihre Vorstellung davon, wie die Sache tatsächlich gemacht wurde; Demnach hat Morris einfach ein Loch gemacht und es mit einem Magneten am Ende einer Schnur herausgefischt. Solch ein Affentrick sieht wie reiner Wahnsinn aus, aber ich nehme an, er war verrückt, teilweise aus Langeweile, über das zu wachen, was er für einen Betrug hielt, obwohl er es nicht beweisen konnte. Dann bot sich ihm die Chance, es zumindest sich selbst zu beweisen, und er hatte das, was er „Spaß" nannte. Ja, ich glaube, ich sehe jetzt viele Details. Aber es ist einfach das Ganze, was mich umgehauen hat. Wie kam es dazu, dass das alles so war?"

Fisher blickte ihn mit geschlossenen Lidern und unbeweglicher Miene an.

„Es wurden alle Vorsichtsmaßnahmen getroffen“, sagte er. „Der Herzog trug die Reliquie bei sich und schloss sie mit seinen eigenen Händen in der Kiste ein.“

Der März schwieg; aber Twyford stammelte. "Ich verstehe Sie nicht. Du machst mir Angst. Warum sprichst du nicht klarer?“

„Wenn ich klarer sprechen würde, würden Sie mich weniger verstehen“, sagte Horne Fisher.

„Trotzdem sollte ich es versuchen“, sagte March, immer noch ohne den Kopf zu heben.

„Oh, sehr gut“, antwortete Fisher mit einem Seufzer; „Die Wahrheit ist natürlich, dass es ein schlechtes Geschäft ist. Jeder weiß, dass es ein schlechtes Geschäft ist, der etwas darüber weiß. Aber es passiert immer, und in gewisser Weise kann man es ihnen kaum verübeln. Sie hängen an einer ausländischen Prinzessin, die so steif ist wie eine holländische Puppe, und haben eine Affäre. In diesem Fall war es eine ziemlich große Affäre.“

Das Gesicht von Rev. Thomas Twyford deutete sicherlich darauf hin, dass er ein wenig überfordert war, aber als der andere vage weitersprach, wurden die Gesichtszüge des alten Herrn schärfer und fester.

„Wenn es eine anständige organisatorische Angelegenheit wäre , würde ich nicht sagen; Aber er muss ein Narr gewesen sein, Tausende für eine solche Frau wegzuwerfen. Am Ende war es reine Erpressung; Aber es ist etwas, das der alte Arsch nicht aus den Steuerzahlern herausgeholt hat. Er konnte es nur aus dem Ami herausholen, und da sind Sie.“

Rev. Thomas Twyford war aufgestanden.

„Nun, ich bin froh, dass mein Neffe nichts damit zu tun hatte“, sagte er. „Und wenn die Welt so ist, hoffe ich, dass er nie etwas damit zu tun haben wird.“

„Das hoffe ich nicht“, antwortete Horne Fisher. „Niemand weiß so gut wie ich, dass man viel zu viel damit zu tun haben kann.“

Denn Summers Minor hatte tatsächlich nichts damit zu tun; und es gehört zu seiner höheren Bedeutung, dass er wirklich nichts mit der Geschichte oder solchen Geschichten zu tun hat. Der Junge raste wie eine Kugel durch das Gewirr dieser Geschichte aus krummer Politik und verrücktem Spott und kam auf der anderen Seite wieder heraus, indem er seine eigenen, unverdorbenen Ziele verfolgte. Von der Spitze des Schornsteins aus hatte er einen neuen Omnibus erblickt, dessen Farbe und Namen er nie gekannt hatte, so wie ein Naturforscher einen neuen Vogel oder ein Botaniker eine

neue Blume sehen würde. Und er war hinreichend entzückt gewesen, als er
ihm nacheilte und auf diesem Feenschiff davonritt.

IV. Der bodenlose Brunnen

In einer Oase oder grünen Insel, in den roten und gelben Sandmeeren, die sich bis zum Sonnenaufgang über Europa hinaus erstrecken, findet man einen ziemlich fantastischen Kontrast, der dennoch typisch für einen solchen Ort ist, da ihn internationale Verträge geschaffen haben ein Außenposten der britischen Besatzung. Die Stätte ist unter Archäologen für etwas berühmt, das kaum ein Denkmal, sondern lediglich ein Loch im Boden ist. Aber es ist ein runder Schacht, wie der eines Brunnens, und wahrscheinlich Teil einiger großer Bewässerungsanlagen aus ferner, umstrittener Zeit, vielleicht älter als alles andere in diesem alten Land. Um die schwarze Öffnung des Brunnens ist ein grüner Saum aus Palmen und Feigenkaktus; Von dem oberen Mauerwerk ist jedoch nichts übrig geblieben, außer zwei wuchtigen und ramponierten Steinen, die wie die Säulen eines Tors ins Nirgendwo stehen und in denen einige der eher transzendentalen Archäologen in bestimmten Stimmungen bei Mondaufgang oder -untergang glauben, die schwachen Linien von Figuren erkennen zu können Merkmale einer mehr als babylonischen Monstrosität; während die rationalistischeren Archäologen in den rationaleren Stunden des Tageslichts nichts als zwei formlose Felsen sehen. Es mag jedoch aufgefallen sein, dass nicht alle Engländer Archäologen sind. Viele derjenigen, die zu offiziellen und militärischen Zwecken an einem solchen Ort versammelt sind, haben andere Hobbys als die Archäologie. Und es ist eine feierliche Tatsache, dass es den Engländern in diesem östlichen Exil gelungen ist, aus dem grünen Gestrüpp und Sand einen kleinen Golfplatz zu bauen; mit einem gemütlichen Clubhaus an einem Ende und diesem urzeitlichen Denkmal am anderen. Sie nutzten diesen archaischen Abgrund nicht wirklich als Bunker, weil er traditionell und selbst aus praktischen Gründen unergründlich war. Jedes hineingeschickte Sportprojektil könnte im wahrsten Sinne des Wortes als verlorener Ball gezählt werden. Aber sie schlenderten oft um ihn herum, während sie zwischendurch redeten und Zigaretten rauchten, und einer von ihnen war gerade vom Clubhaus heruntergekommen und sah einen anderen, der etwas trübsinnig in den Brunnen blickte.

Beide Engländer trugen leichte Kleidung und weiße Tropenhelme und Puggrees , aber damit endete ihre Ähnlichkeit größtenteils. Und sie sagten beide fast gleichzeitig dasselbe Wort, aber sie sagten es mit zwei völlig unterschiedlichen Stimmlagen.

"Hast du die Nachrichten gehört?" fragte der Mann vom Club. "Prächtig."

„Herrlich“, antwortete der Mann am Brunnen. Aber der erste Mann sprach das Wort aus, wie ein junger Mann es über eine Frau sagen würde, und der zweite wie ein alter Mann es über das Wetter sagen würde, nicht ohne Aufrichtigkeit, aber sicherlich ohne Inbrunst.

Und darin war der Ton der beiden Männer hinreichend typisch für sie. Der erste, ein gewisser Kapitän Boyle, war ein kühner und knabenhafter Typ, dunkelhäutig und mit einer Art angeborener Hitze im Gesicht, die nicht zur Atmosphäre des Ostens gehörte, sondern eher zu den Leidenschaften und Ambitionen des Ostens Westen. Der andere war ein älterer Mann und sicherlich ein älterer Bewohner, ein Zivilbeamter – Horne Fisher; und seine hängenden Augenlider und sein herabhängender heller Schnurrbart drückten das ganze Paradoxon des Engländers im Osten aus. Er war viel zu heiß, um alles andere als cool zu sein.

Keiner von ihnen hielt es für nötig zu erwähnen, was das Großartige war. Das wäre in der Tat ein überflüssiges Gespräch über etwas gewesen, das jeder wusste. Der beeindruckende Sieg über eine bedrohliche Kombination aus Türken und Arabern im Norden, den Truppen unter dem Kommando von Lord Hastings, dem Veteranen so vieler beeindruckender Siege, errungen hatten, wurde bereits in den Zeitungen im gesamten Imperium verbreitet, ganz zu schweigen von dieser kleinen Garnison so nah am Schlachtfeld.

„Keine andere Nation auf der Welt hätte so etwas tun können", rief Kapitän Boyle mit Nachdruck.

Horne Fisher blickte immer noch schweigend in den Brunnen; einen Moment später antwortete er: „Wir haben sicherlich die Kunst, Fehler wiedergutzumachen. Da haben die armen alten Preußen einen Fehler gemacht. Sie konnten nur Fehler machen und dabei bleiben. Es liegt wirklich ein gewisses Talent darin, einen Fehler wiedergutzumachen."

„Was meinst du", fragte Boyle, „welche Fehler?"

„Nun, jeder weiß, dass es aussah, als würde er mehr abbeißen, als er kauen konnte", antwortete Horne Fisher. Es war eine Besonderheit von Mr. Fisher, dass er immer sagte, dass jeder Dinge wisse, von denen etwa einer von zwei Millionen jemals hören durfte. „Und es war wirklich großes Glück, dass Travers rechtzeitig so gut auftrat. Seltsam, wie oft der Stellvertreter das Richtige für uns getan hat, selbst wenn ein großer Mann der erste Befehlshaber war. Wie Colborne in Waterloo."

„Es sollte dem Imperium eine ganze Provinz hinzufügen", bemerkte der andere.

„Nun, ich nehme an, die Zimmernes hätten bis zum Kanal darauf bestanden", bemerkte Fisher nachdenklich, „obwohl jeder weiß, dass sich das Hinzufügen von Provinzen heutzutage nicht immer viel lohnt."

Kapitän Boyle runzelte leicht verwirrt die Stirn. Da ihm bewusst war, dass er noch nie in seinem Leben von den Zimmernes gehört hatte , konnte er nur ruhig sagen:

„Nun, man kann kein Little Englander sein.“

Horne Fisher lächelte, und er hatte ein angenehmes Lächeln.

„Jeder Mann hier draußen ist ein kleiner Englander“, sagte er. „Er wünschte, er wäre zurück in Little England.“

„Ich fürchte, ich weiß nicht, wovon Sie reden“, sagte der jüngere Mann ziemlich misstrauisch. „Man könnte meinen, dass Sie Hastings oder – oder – so etwas nicht wirklich bewundert haben.“

„Ich bewundere ihn über alles“, antwortete Fisher. „Er ist mit Abstand der beste Mann für diesen Posten; Er versteht die Moslems und kann alles mit ihnen machen. Deshalb bin ich ganz dagegen, Travers gegen ihn aufzudrängen, nur wegen dieser letzten Affäre.“

„Ich verstehe wirklich nicht, worauf Sie hinaus wollen“, sagte der andere ganz offen.

„Vielleicht lohnt es sich nicht, es zu verstehen“, antwortete Fisher leichthin, „und außerdem brauchen wir nicht über Politik zu reden.“ Kennen Sie die arabische Legende darüber gut?“

„Ich fürchte, ich weiß nicht viel über arabische Legenden“, sagte Boyle ziemlich steif.

„Das ist eher ein Fehler“, antwortete Fisher, „besonders aus Ihrer Sicht.“ Lord Hastings selbst ist eine arabische Legende. Das ist vielleicht das Größte, was er wirklich ist. Wenn sein Ruf verloren ginge, würde das uns in ganz Asien und Afrika schwächen. Nun ja, die Geschichte mit dem Loch im Boden, das niemand weiß wo hingeht, hat mich schon immer fasziniert. Der Form nach ist es jetzt mohammedanisch, aber ich frage mich nicht, ob die Geschichte viel älter als Mohammed ist. Es geht um jemanden, den sie „Sultan Aladdin“ nennen, natürlich nicht um unseren Freund der Lampe, sondern eher um jemanden, der mit Genien oder Riesen oder so etwas in der Art zu tun hat. Man sagt, er habe den Riesen befohlen, ihm eine Art Pagode zu bauen, die immer höher über alle Sterne hinausragte. Das Höchste für das Höchste, wie die Menschen sagten, als sie den Turmbau zu Babel bauten. Aber die Erbauer des Turmbaus zu Babel waren im Vergleich zum alten Aladdin recht bescheidene und häusliche Menschen, wie Mäuse. Sie wollten nur einen Turm, der bis zum Himmel reichen würde – eine Kleinigkeit. Er wollte einen Turm, der am Himmel vorbeiging, sich über ihn erhob und für immer und ewig emporstieg. Und Allah warf ihn mit einem Blitz auf die Erde, der in die Erde eindrang und ein immer tieferes Loch bohrte, bis ein Brunnen entstand, der keinen Boden hatte, so wie der Turm ohne Spitze hätte sein sollen. Und die Seele des stolzen Sultans fällt für immer und ewig in diesen umgekehrten Turm der Dunkelheit.

„Was für ein seltsamer Kerl du bist", sagte Boyle. „Du redest, als ob jemand diese Fabeln glauben könnte."

„Vielleicht glaube ich an die Moral und nicht an die Fabel", antwortete Fisher. „Aber hier kommt Lady Hastings. Du kennst sie, glaube ich."

Das Clubhaus an den Golfplätzen wurde neben dem Golfsport natürlich auch für viele andere Zwecke genutzt. Es war neben dem rein militärischen Hauptquartier das einzige soziale Zentrum der Garnison; Es gab einen Billardraum und eine Bar und sogar eine ausgezeichnete Präsenzbibliothek für jene Offiziere, die so pervers waren, ihren Beruf ernst zu nehmen. Unter ihnen war der große General selbst, dessen Kopf aus Silber und Gesicht aus Bronze, das dem eines ehernen Adlers ähnelte, oft über die Karten und Folianten der Bibliothek gebeugt zu finden war. Der große Lord Hastings glaubte an Wissenschaft und Studium, wie auch an andere strenge Ideale des Lebens, und hatte dem jungen Boyle, dessen Auftritte an diesem Forschungsort eher unregelmäßig waren, viele väterliche Ratschläge zu diesem Thema gegeben. Von einem dieser Lernfetzen war der junge Mann gerade durch die Glastüren der Bibliothek auf den Golfplatz gekommen. Aber vor allem war der Club so eingerichtet, dass er den gesellschaftlichen Annehmlichkeiten von Damen mindestens genauso gut diente wie Herren, und Lady Hastings konnte in einer solchen Gesellschaft fast genauso die Königin spielen wie in ihrem eigenen Ballsaal. Sie war überaus kalkuliert und, wie einige sagten, überaus geneigt, eine solche Rolle zu spielen. Sie war viel jünger als ihr Mann, eine attraktive und manchmal gefährlich attraktive Frau; und Mr. Horne Fisher sah ihr ein wenig sardonisch nach, als sie mit dem jungen Soldaten davonfegte. Dann wanderte sein ziemlich trübes Auge zu den grünen und stacheligen Gewächsen rund um den Brunnen, Gewächsen dieser seltsamen Kaktusformation, bei der ein dickes Blatt ohne Stiel oder Zweig direkt aus dem anderen wächst. Es gab seinem fantasievollen Geist das unheimliche Gefühl eines blinden Wachstums ohne Form und Zweck. Im Westen wächst eine Blume oder ein Strauch bis zur Blüte heran, die ihre Krone bildet, und ist zufrieden. Aber es war, als ob in einem Albtraum Hände aus den Händen oder Beine aus den Beinen wachsen könnten. „Ich füge dem Imperium immer eine Provinz hinzu", sagte er mit einem Lächeln und fügte dann noch trauriger hinzu: „Aber ich bezweifle, dass ich doch Recht hatte!"

Eine starke, aber freundliche Stimme unterbrach seine Meditationen und er blickte auf und lächelte, als er das Gesicht eines alten Freundes sah. Die Stimme war tatsächlich etwas freundlicher als das Gesicht, das auf den ersten Blick ausgesprochen grimmig war. Es war ein typisch juristisches Gesicht mit kantigen Kiefern und dicken, ergrauten Augenbrauen; und es gehörte zu einem äußerst legalen Charakter, obwohl er jetzt in halbmilitärischer Funktion der Polizei dieses wilden Bezirks zugeteilt war. Cuthbert Grayne war vielleicht eher ein Kriminologe als ein Anwalt oder ein Polizist, aber in seiner barbarischeren Umgebung war es ihm gelungen, sich in eine praktische Kombination aller drei zu verwandeln. Sein Verdienst war die Entdeckung einer ganzen Reihe seltsamer orientalischer Verbrechen. Da jedoch nur wenige Menschen mit einem solchen Hobby oder Wissensgebiet vertraut waren oder sich zu einem solchen Hobby oder Wissenszweig hingezogen fühlten, verlief sein intellektuelles Leben eher einsam. Zu den wenigen Ausnahmen gehörte Horne Fisher, der die merkwürdige Fähigkeit hatte, mit fast jedem über fast alles zu reden.

„Studieren Sie Botanik oder ist es Archäologie?" fragte Grayne . „Ich werde deine Interessen nie aufgeben, Fisher. Ich sollte sagen, dass das, was man nicht weiß, nicht wissenswert ist."

„Sie irren sich", antwortete Fisher mit einer sehr ungewöhnlichen Schroffheit und sogar Bitterkeit. „Es ist das, was ich weiß, das nicht wissenswert ist. All die Schattenseiten der Dinge, all die geheimen Gründe und faulen Motive und Bestechung und Erpressung nennen sie Politik. Ich muss nicht so stolz darauf sein, in all diesen Abwasserkanälen gewesen zu sein, dass ich vor den kleinen Jungs auf der Straße damit prahlen sollte."

"Wie meinst du das? Was ist los mit dir?" fragte seinen Freund. „Ich hätte noch nie gedacht, dass du so agierst."

„Ich schäme mich", antwortete Fisher. „Ich habe gerade den Enthusiasmus eines Jungen mit kaltem Wasser überschüttet."

„Selbst diese Erklärung ist kaum erschöpfend", stellte der Kriminalexperte fest.

„Verdammter Zeitungs-Unsinn, die Begeisterung war natürlich", fuhr Fisher fort, „aber ich sollte wissen, dass Illusionen in diesem Alter Ideale sein können." Und sie sind sowieso besser als die Realität. Aber es gibt eine sehr hässliche Verantwortung, einen jungen Mann aus dem Trott des faulsten Ideals herauszureißen."

„Und was mag das sein?" fragte sein Freund.

„Es ist sehr wahrscheinlich, dass es ihn mit der gleichen Energie in eine viel schlimmere Richtung treibt", antwortete Fisher; „Eine ziemlich endlose Richtung, ein Abgrund so tief wie der bodenlose Brunnen."

Fisher sah seinen Freund erst vierzehn Tage später, als er sich im Garten auf der Rückseite des Clubhauses auf der gegenüberliegenden Seite der Links wiederfand, einem Garten, der im Schein eines Wüstensonnenuntergangs stark gefärbt war und nach süßen halbtropischen Pflanzen duftete. Zwei weitere Männer waren bei ihm, der dritte war der mittlerweile gefeierte Stellvertreter, allen bekannt als Tom Travers, ein schlanker, dunkler Mann, der älter aussah als er war, mit einer Falte auf der Stirn und etwas Mürrischem in der Gestalt von seinem schwarzen Schnurrbart. Sie hatten gerade schwarzen Kaffee von dem Araber bekommen, der jetzt vorübergehend als Diener des Clubs fungierte, obwohl er als alter Diener des Generals bereits vertraut und sogar berühmt war. Er hieß Said und fiel unter anderen Semiten durch die unnatürliche Länge seines gelben Gesichts und die Höhe seiner schmalen Stirn auf, die bei ihnen manchmal zu sehen ist, und erweckte trotz seines angenehmen Lächelns den irrationalen Eindruck von etwas Unheimlichem .

„Ich habe nie das Gefühl, dass ich diesem Kerl wirklich vertrauen könnte", sagte Grayne , als der Mann gegangen war. „Ich halte das für sehr ungerecht, denn er war zweifellos ergeben für Hastings und hat ihm das Leben gerettet, heißt es. Aber Araber sind oft so, loyal gegenüber einem Mann. Ich kann mich des Gefühls nicht erwehren, dass er jemand anderem die Kehle durchschneiden und es sogar auf verräterische Weise tun könnte."

„Nun", sagte Travers mit einem eher säuerlichen Lächeln, „solange er Hastings in Ruhe lässt, wird es der Welt nichts ausmachen."

Es herrschte eine ziemlich peinliche Stille voller Erinnerungen an die große Schlacht, und dann sagte Horne Fisher leise:

„Die Zeitungen sind nicht die Welt, Tom. Machen Sie sich keine Sorgen um sie. Jeder in Ihrer Welt kennt die Wahrheit gut genug."

„Ich denke, wir sollten jetzt besser nicht über den General reden", bemerkte Grayne , „denn er kommt gerade erst aus dem Club."

„Er kommt nicht hierher", sagte Fisher. „Er begleitet seine Frau nur zum Auto."

Während er sprach, kam die Dame tatsächlich auf die Stufen des Clubs, gefolgt von ihrem Mann, der dann schnell vor ihr herging, um das Gartentor zu öffnen. Während er dies tat, drehte sie sich um und sprach einen Moment lang mit einem einsamen Mann, der immer noch in einem Korbstuhl im Schatten der Tür saß, dem einzigen Mann, der in dem verlassenen Club übrig war, abgesehen von den dreien, die im Garten herumlungerten. Fisher blickte einen Moment in den Schatten und sah, dass es Captain Boyle war.

Im nächsten Moment erschien der General zu ihrer großen Überraschung wieder, stieg die Stufen hinauf und sprach seinerseits ein oder zwei Worte zu Boyle. Dann gab er Said ein Zeichen, der mit zwei Tassen Kaffee herbeieilte, und die beiden Männer betraten den Club zurück, jeder trug seine Tasse in der Hand. Im nächsten Moment zeigte ein weißer Lichtschein in der zunehmenden Dunkelheit, dass in der Bibliothek dahinter die elektrischen Lampen eingeschaltet waren.

„Kaffee und wissenschaftliche Forschungen", sagte Travers grimmig. „Alle Annehmlichkeiten des Lernens und der theoretischen Forschung. Nun, ich muss gehen, denn ich habe auch meine Arbeit zu erledigen." Und er stand ziemlich steif auf, grüßte seine Gefährten und schritt in die Dämmerung hinaus.

„Ich hoffe nur, dass Boyle an wissenschaftlichen Forschungen festhält", sagte Horne Fisher. „Ich selbst fühle mich bei ihm nicht sehr wohl. Aber lasst uns über etwas anderes reden."

Sie redeten länger über etwas anderes, als sie sich wahrscheinlich vorgestellt hatten, bis die tropische Nacht hereinbrach und ein strahlender Mond die ganze Szene in Silber tauchte; Doch bevor es hell genug war, um es sehen zu können, hatte Fisher bereits bemerkt, dass die Lichter in der Bibliothek abrupt gelöscht worden waren. Er wartete darauf, dass die beiden Männer am Garteneingang herauskamen, aber niemand kam.

„Sie müssen einen Spaziergang auf den Links gemacht haben", sagte er.

„Sehr wahrscheinlich", antwortete Grayne . „Es wird eine wunderschöne Nacht."

Ein oder zwei Augenblicke, nachdem er gesprochen hatte, hörten sie eine Stimme, die sie aus dem Schatten des Clubhauses rief, und waren erstaunt, als sie Travers auf sie zueilen sahen und riefen, als er kam:

„Ich werde eure Hilfe brauchen, ihr Jungs", rief er. „Auf den Links ist etwas ganz Schlimmes los."

Sie stürzten sich durch den Raucherraum des Clubs und die dahinter liegende Bibliothek, in völliger Dunkelheit, geistig wie materiell. Aber Horne Fisher war trotz seiner vorgetäuschten Gleichgültigkeit ein Mensch mit einer merkwürdigen und fast transzendentalen Sensibilität für Atmosphären, und er spürte bereits die Anwesenheit von mehr als nur einem Zufall. Er kollidierte mit einem Möbelstück in der Bibliothek und schauderte fast vor Schreck, denn das Ding bewegte sich, wie er sich nie hätte vorstellen können, dass sich ein Möbelstück bewegte. Es schien sich wie ein Lebewesen zu bewegen, nachzugeben und dennoch zurückzuschlagen. Im nächsten Moment hatte Grayne das Licht angeschaltet und sah, dass er nur gegen einen der drehbaren Bücherständer gestolpert war, der herumgeschwenkt war und ihn getroffen hatte; Aber sein unfreiwilliges Zurückweichen hatte ihm sein eigenes unterbewusstes Gefühl für etwas Geheimnisvolles und Ungeheuerliches offenbart. Mehrere dieser drehbaren Bücherregale standen hier und da in der Bibliothek; Auf einer davon standen die beiden Tassen Kaffee, auf der anderen ein großes aufgeschlagenes Buch. Es war Budges Buch über ägyptische Hieroglyphen mit farbigen Tafeln mit seltsamen Vögeln und Göttern, und während er vorbeieilte, wurde ihm etwas Seltsames an der Tatsache bewusst, dass dies und nicht irgendein Werk der Militärwissenschaft an diesem Ort aufgeschlagen sein sollte in diesem Moment. Er war sich sogar der Lücke im gut gefüllten Bücherregal bewusst, aus dem es genommen worden war, und es schien ihn fast auf hässliche Weise anzustarren, wie eine Lücke in den Zähnen eines finsteren Gesichts.

Ein Lauf brachte sie in wenigen Minuten auf die andere Seite des Bodens vor dem bodenlosen Brunnen, und ein paar Meter davon entfernt sahen sie im Mondlicht, das fast so hell wie das Tageslicht war, was sie sehen wollten.

Der große Lord Hastings lag bäuchlings auf dem Gesicht, in einer Haltung, die etwas Seltsames und Steifes annahm, mit einem Ellbogen über dem Körper, den Arm gestreckt, und seine große, knochige Hand umklammerte das Gras und das zerfetzte Gras . Ein paar Meter entfernt stand Boyle, fast ebenso regungslos, aber auf Händen und Knien gestützt, und starrte auf den Körper. Vielleicht war es nur ein Schock und ein Unfall; Aber die vierbeinige Haltung und das offene Gesicht hatten etwas Unbeholfenes und Unnatürliches an sich. Es war, als ob sein Verstand vor ihm geflohen wäre. Dahinter war nichts als der klare blaue Südhimmel und der Beginn der Wüste, bis auf die beiden großen zerbrochenen Steine vor dem Brunnen. Und es war in einem solchen Licht und einer solchen Atmosphäre, dass die Menschen glauben konnten, sie hätten in sich riesige und böse Gesichter gesehen, die nach unten schauten.

Horne Fisher bückte sich und berührte die starke Hand, die immer noch das Gras umklammerte, und es war so kalt wie ein Stein. Er kniete neben dem Körper und war einen Moment damit beschäftigt, andere Tests durchzuführen; dann erhob er sich wieder und sagte mit einer Art selbstbewusster Verzweiflung:

„Lord Hastings ist tot."

Es herrschte eisiges Schweigen, und dann bemerkte Travers schroff: „Das ist Ihre Abteilung, Grayne ; Ich überlasse es Ihnen, Captain Boyle zu befragen. Ich kann nicht verstehen, was er sagt."

Boyle hatte sich zusammengerissen und war aufgestanden, aber sein Gesicht hatte immer noch einen schrecklichen Ausdruck, der wie eine neue Maske oder das Gesicht eines anderen Mannes aussah.

„Ich schaute auf den Brunnen", sagte er, „und als ich mich umdrehte, war er hingefallen."

Graynes Gesicht war sehr dunkel. „Wie Sie sagen, das ist meine Angelegenheit", sagte er. „Zuerst muss ich Sie bitten, mir zu helfen, ihn zur Bibliothek zu tragen, und mich die Dinge gründlich untersuchen zu lassen."

Als sie die Leiche in der Bibliothek deponiert hatten, wandte sich Grayne an Fisher und sagte mit einer Stimme, die ihre Fülle und Zuversicht wiedererlangt hatte: „Ich werde mich einschließen und zuerst eine gründliche Untersuchung durchführen." Ich erwarte von Ihnen, dass Sie mit den anderen in Kontakt bleiben und eine vorläufige Untersuchung von Boyle durchführen. Ich werde später mit ihm reden. Und rufen Sie einfach im Hauptquartier an, um einen Polizisten zu holen, und lassen Sie ihn sofort herkommen und bereitstehen, bis ich ihn brauche.

Ohne weitere Worte ging der große Kriminalermittler in die beleuchtete Bibliothek, schloss die Tür hinter sich, und Fisher drehte sich, ohne zu antworten, um und begann leise mit Travers zu sprechen. „Es ist merkwürdig", sagte er, „dass das Ding direkt vor diesem Ort passieren sollte."

„Es wäre sicherlich sehr merkwürdig", antwortete Travers, „wenn der Ort dabei irgendeine Rolle spielen würde."

„Ich denke", antwortete Fisher, „dass die Rolle, die es nicht gespielt hat, noch merkwürdiger ist."

Und mit diesen scheinbar bedeutungslosen Worten wandte er sich an den erschütterten Boyle, nahm seinen Arm und begann, ihn im Mondlicht auf und ab zu führen, wobei er leise redete.

Die Morgendämmerung begann abrupt und weiß anzubrechen, als Cuthbert Grayne das Licht in der Bibliothek ausmachte und zu den Links kam. Fisher faulenzte in seiner lustlosen Art allein herum; aber der Polizeibote, den er herbeigerufen hatte, stand im Hintergrund stramm.

„Ich habe Boyle mit Travers weggeschickt", bemerkte Fisher nachlässig; „Er wird sich um ihn kümmern, und er sollte auf jeden Fall etwas schlafen."

„Hast du etwas aus ihm herausbekommen?" fragte Grayne . „Hat er Ihnen erzählt, was er und Hastings gemacht haben?"

„Ja", antwortete Fisher, „er hat mir schließlich einen ziemlich klaren Bericht gegeben. Er sagte, nachdem Lady Hastings im Auto losgefahren sei, habe der General ihn gebeten, mit ihm in die Bibliothek einen Kaffee zu trinken und etwas über örtliche Antiquitäten nachzuschlagen. Er selbst begann gerade, in einem der drehbaren Bücherständer nach Budges Buch zu suchen, als der General es in einem der Bücherregale an der Wand fand. Nachdem sie sich einige der Teller angesehen hatten, gingen sie, wie es schien, ziemlich abrupt zu den Links und gingen auf den alten Brunnen zu;

und während Boyle hineinschaute, hörte er einen dumpfen Schlag hinter sich und drehte sich um, um den General so liegen zu sehen, wie wir ihn fanden. Er selbst ließ sich auf die Knie fallen, um den Körper zu untersuchen, und war dann vor Angst wie gelähmt und konnte weder näher an ihn herantreten noch ihn berühren. Aber davon halte ich sehr wenig; Menschen, die einen echten Überraschungsschock erleben, finden sich manchmal in den seltsamsten Posen."

Grayne setzte ein grimmiges, aufmerksames Lächeln auf und sagte nach kurzem Schweigen:

„Nun, er hat dir nicht viele Lügen erzählt. Es ist wirklich eine glaubwürdig klare und konsistente Darstellung dessen, was passiert ist, wobei alles Wichtige weggelassen wurde."

„Haben Sie da etwas entdeckt?" fragte Fisher.

„Ich habe alles entdeckt", antwortete Grayne .

Fisher bewahrte ein etwas düsteres Schweigen, während der andere seine Erklärung in ruhiger und sicherer Stimme fortsetzte.

„Du hattest völlig recht, Fisher, als du sagtest, dass der junge Kerl in Gefahr sei, auf dunklen Wegen zur Grube zu gehen. Ganz gleich , ob, wie Sie vermutet haben, der Schock, den Sie seiner Sicht auf den General verschafften, etwas damit zu tun hatte, er hat den General schon seit einiger Zeit nicht mehr gut behandelt. Es ist eine unangenehme Angelegenheit, und ich möchte nicht näher darauf eingehen; Aber es ist ziemlich offensichtlich, dass seine Frau ihn auch nicht gut behandelte. Ich weiß nicht, wie weit es ging, aber es ging jedenfalls bis zur Verschleierung; Denn als Lady Hastings mit Boyle sprach, wollte sie ihm mitteilen, dass sie eine Notiz im Budge-Buch in der Bibliothek versteckt hatte. Der General hörte es zu oder erfuhr es irgendwie, ging direkt zu dem Buch und fand es. Er konfrontierte Boyle damit und es kam natürlich zu einer Szene. Und Boyle wurde mit etwas anderem konfrontiert; Er stand vor einer schrecklichen Alternative, bei der das Leben eines alten Mannes den Ruin und sein Tod Triumph und sogar Glück bedeutete."

„Nun", bemerkte Fisher schließlich, „ich mache ihm keinen Vorwurf, dass er Ihnen den Teil der Geschichte mit der Frau nicht erzählt hat. Aber woher wissen Sie von dem Brief?"

„Ich habe es am Körper des Generals gefunden", antwortete Grayne , „aber ich habe noch Schlimmeres gefunden." Der Körper hatte sich auf eine Weise versteift, die für Gifte einer bestimmten asiatischen Art eher typisch ist. Dann untersuchte ich die Kaffeetassen und wusste genug über die Chemie, um im Bodensatz einer davon Gift zu finden. Nun ging der General direkt zum Bücherregal und stellte seine Tasse Kaffee auf dem Bücherständer in der Mitte des Raumes ab. Während er ihm den Rücken zuwandte und Boyle so tat, als würde er den Bücherständer untersuchen, blieb er mit der Kaffeetasse allein. Es dauert etwa zehn Minuten, bis das Gift wirkt, und ein zehnminütiger Spaziergang würde sie zum bodenlosen Brunnen führen."

„Ja", bemerkte Fisher, „und was ist mit dem bodenlosen Brunnen?"

„Was hat der bodenlose Brunnen damit zu tun?" fragte seinen Freund.

„Das hat nichts damit zu tun", antwortete Fisher. „Das finde ich absolut verwirrend und unglaublich."

„Und warum sollte dieses spezielle Loch im Boden etwas damit zu tun haben?"

„In Ihrem Fall ist es ein besonderes Loch", sagte Fisher. „Aber ich werde jetzt nicht darauf bestehen. Übrigens gibt es noch etwas, was ich Ihnen sagen sollte. Ich sagte, ich hätte Boyle mit der Leitung von Travers beauftragt. Es wäre genauso wahr zu sagen, dass ich Travers mit der Leitung von Boyle beauftragt habe."

„Sie wollen nicht sagen, dass Sie Tom Travers verdächtigen?" rief der andere.

„Er war gegenüber dem General um einiges erbitterter als Boyle es jemals war", bemerkte Horne Fisher mit einer merkwürdigen Gleichgültigkeit.

„Mann, du sagst nicht, was du meinst", rief Grayne . „Ich sage Ihnen, ich habe das Gift in einer der Kaffeetassen gefunden."

„Es gab natürlich immer Said", fügte Fisher hinzu, „entweder aus Hass oder aus Hetzgründen." Wir waren uns einig, dass er zu fast allem fähig war."

„Und wir waren uns einig, dass er nicht in der Lage war, seinem Herrn etwas anzutun", erwiderte Grayne .

„Nun gut", sagte Fisher freundlich, „ich wage zu behaupten, dass Sie Recht haben; aber ich möchte mir einfach mal die Bibliothek und die Kaffeetassen ansehen."

Er ging hinein, während Grayne sich an den anwesenden Polizisten wandte und ihm eine gekritzelte Notiz überreichte, die er vom Hauptquartier telegrafieren sollte. Der Mann salutierte und eilte davon; und Grayne folgte seinem Freund in die Bibliothek und fand ihn neben dem Bücherständer in der Mitte des Raumes, auf dem die leeren Tassen standen.

„Hier hat Boyle nach Budge gesucht oder Ihrem Bericht zufolge vorgetäuscht, nach ihm zu suchen", sagte er.

Während Fisher sprach, bückte er sich halb geduckt, um die Bände auf dem niedrigen, drehbaren Regal zu betrachten, denn der gesamte Bücherständer war nicht viel höher als ein gewöhnlicher Tisch. Im nächsten Moment sprang er auf, als wäre er gestochen worden.

"Ach du lieber Gott!" er weinte.

Nur sehr wenige Menschen, wenn überhaupt, hatten Mr. Horne Fisher jemals so verhalten sehen, wie er sich damals verhielt. Er warf einen flüchtigen Blick zur Tür, sah, dass das offene Fenster näher war, sprang mit einem fliegenden Satz hinaus, als ob er eine Hürde überwunden hätte, und rannte über den Rasen, auf der Spur des verschwindenden Polizisten. Grayne , der dastand und ihm nachstarrte, sah bald, wie seine große, lockere Gestalt zurückkehrte, wieder zu ihrer normalen Schlaffheit und dem Ausdruck von Gemächlichkeit zurückgekehrt. Er fächelte sich langsam mit einem Stück Papier Luft zu, das Telegramm, das er so gewaltsam abgefangen hatte.

„ Zum Glück habe ich damit aufgehört“, bemerkte er. „Wir müssen diese Angelegenheit so geheim halten wie der Tod. Hastings muss an einem Schlaganfall oder einer Herzerkrankung sterben.“

„Was zum Teufel ist das Problem?“ forderte der andere Ermittler.

„Das Problem ist“, sagte Fisher, „dass wir in ein paar Tagen eine sehr angenehme Alternative gehabt hätten – einen unschuldigen Mann zu hängen oder das britische Empire in die Hölle zu treiben.“

„Wollen Sie damit sagen“, fragte Grayne , „dass dieses höllische Verbrechen nicht bestraft werden darf?“

Fisher sah ihn fest an.

„Es ist bereits bestraft“, sagte er.

Nach einer kurzen Pause fuhr er fort. „Du hast das Verbrechen mit bewundernswertem Geschick rekonstruiert, alter Junge, und fast alles, was du gesagt hast, war wahr. Zwei Männer mit zwei Kaffeetassen gingen in die Bibliothek und stellten ihre Tassen auf den Bücherständer und gingen zusammen zum Brunnen, und einer von ihnen war ein Mörder und hatte Gift in die Tasse des anderen getan. Dies geschah jedoch nicht, während Boyle das drehbare Bücherregal betrachtete. Er schaute es sich zwar an und suchte nach dem Budge-Buch mit der Notiz darin, aber ich vermute, dass Hastings es bereits in die Regale an der Wand gestellt hatte. Es gehörte zu diesem düsteren Spiel, dass er es zuerst finden sollte.

„Wie durchsucht ein Mann nun ein drehbares Bücherregal? Normalerweise hüpft er nicht in hockender Haltung um das Tier herum, wie ein Frosch. Er berührt es einfach und bringt es zum Drehen.“

Während er sprach, blickte er stirnrunzelnd auf den Boden, und unter seinen schweren Lidern war ein Licht, das man dort nicht oft sah. Die Mystik, die tief unter all dem Zynismus seiner Erfahrung vergraben war, war in den Tiefen wach und bewegend. Seine Stimme nahm unerwartete Wendungen und Tonlagen, fast so, als würden zwei Männer sprechen.

„Das hat Boyle getan; Er berührte das Ding kaum und es drehte sich so leicht, wie die Welt sich dreht. Ja, so wie sich die Welt dreht, denn die Hand, die sie drehte, war nicht seine. Gott, der das Rad aller Sterne dreht, hat dieses Rad berührt und den Kreis geschlossen, damit seine schreckliche Gerechtigkeit zurückkehren kann."

„Ich fange an", sagte Grayne langsam, „eine verschwommene und schreckliche Vorstellung davon zu haben, was Sie meinen."

„Es ist ganz einfach", sagte Fisher, „als Boyle sich aus seiner gebückten Haltung aufrichtete, geschah etwas, was er nicht bemerkt hatte, was sein Feind nicht bemerkt hatte, was niemand bemerkt hatte." Die beiden Kaffeetassen hatten genau ihren Platz getauscht."

Die Felswand von Grayne schien schweigend einen Schock erlitten zu haben; Es änderte sich nicht eine Zeile davon, aber seine Stimme war unerwartet schwächer, als es kam.

„Ich verstehe, was Sie meinen", sagte er, „und wie Sie sagen: Je weniger darüber gesagt wird, desto besser. Es war nicht der Liebhaber, der versuchte, den Ehemann loszuwerden, sondern — das andere. Und eine solche Geschichte über einen solchen Mann würde uns hier ruinieren. Hatten Sie das am Anfang schon geahnt?"

„Der bodenlose Brunnen, wie ich dir gesagt habe ", antwortete Fisher ruhig; „Das war es, was mich von Anfang an verblüfft hat. Nicht weil es etwas damit zu tun hatte, sondern weil es nichts damit zu tun hatte."

Er hielt einen Moment inne, als wollte er sich für eine Vorgehensweise entscheiden, und fuhr dann fort: „Wenn ein Mann weiß, dass sein Feind in zehn Minuten tot sein wird, und ihn an den Rand einer unergründlichen Grube bringt, will er seinen Körper hineinwerfen." Was sollte er sonst noch tun? Ein geborener Narr hätte den Verstand dazu, und Boyle ist kein geborener Narr. Warum hat Boyle es nicht getan? Je mehr ich darüber nachdachte, desto mehr kam mir der Verdacht, dass bei dem Mord sozusagen ein Fehler vorlag. Jemand hatte jemanden dorthin gebracht, um ihn hineinzuwerfen, und doch wurde er nicht hineingeworfen. Ich hatte bereits eine hässliche, unausgebildete Vorstellung von einer Ersetzung oder Umkehrung von Teilen; Dann bückte ich mich zufällig, um den Bücherständer selbst zu drehen, und wusste sofort alles, denn ich sah, wie sich die beiden Tassen noch einmal drehten, wie Monde am Himmel."

Nach einer Pause sagte Cuthbert Grayne : „Und was sollen wir den Zeitungen sagen?"

„Mein Freund Harold March kommt heute aus Kairo", sagte Fisher. „Er ist ein sehr brillanter und erfolgreicher Journalist. Aber trotzdem ist er ein durch und durch ehrenhafter Mann, also darf man ihm nicht die Wahrheit sagen."

Eine halbe Stunde später ging Fisher wieder vor dem Clubhaus auf und ab , zusammen mit Kapitän Boyle, letzterer wirkte zu diesem Zeitpunkt sehr verwirrt und verwirrt; vielleicht ein traurigerer und weiserer Mann.

„Was ist dann mit mir?" Er sagte. „Bin ich freigegeben? Werde ich nicht freigegeben?"

„Ich glaube und hoffe", antwortete Fisher, „dass Sie nicht verdächtigt werden. Aber Sie werden sicherlich nicht freigesprochen. Es darf kein Verdacht gegen ihn vorliegen, und daher auch kein Verdacht gegen Sie. Jeder Verdacht gegen ihn, ganz zu schweigen von einer solchen Geschichte gegen ihn, würde uns von Malta nach Mandalay katapultieren. Er war sowohl ein Held als auch ein heiliger Schrecken unter den Muslimen. Tatsächlich könnte man ihn fast einen muslimischen Helden im englischen Dienst nennen. Natürlich kam er mit ihnen teilweise wegen seiner eigenen kleinen Portion orientalischen Blutes zurecht; er bekam es von seiner Mutter, der Tänzerin aus Damaskus; jeder weiß das."

„Oh", wiederholte Boyle mechanisch und starrte ihn mit großen Augen an, „das weiß jeder."

„Ich wage zu behaupten, dass ein Anflug davon in seiner Eifersucht und wilden Rache lag", fuhr Fisher fort. „Trotzdem würde das Verbrechen uns unter den Arabern ruinieren, umso mehr, als es so etwas wie ein Verbrechen gegen die Gastfreundschaft war. Es war hasserfüllt für dich und es ist ziemlich schrecklich für mich. Aber es gibt Dinge, die kann man verdammt noch mal nicht machen, und das ist eines davon, solange ich noch lebe."

"Wie meinst du das?" fragte Boyle und blickte ihn neugierig an. „Warum sollten ausgerechnet Sie so leidenschaftlich dabei sein?"

Horne Fisher blickte den jungen Mann mit verblüffter Miene an.

„Ich vermute", sagte er, „das liegt daran, dass ich ein kleiner Engländer bin."

„Ich verstehe nie, was Sie mit so etwas meinen", antwortete Boyle zweifelnd.

„Glauben Sie, dass England so klein ist?" sagte Fisher mit einer Wärme in seiner kalten Stimme, „dass es einen Mann nicht über ein paar tausend Meilen hinweg halten kann." Du hast mich mit viel idealem Patriotismus belehrt, mein junger Freund; Aber es ist jetzt praktischer Patriotismus für Sie und mich, und es gibt keine Lügen, die ihm helfen könnten. Sie redeten, als ob bei uns auf der ganzen Welt immer alles gut gelaufen wäre, in einem triumphalen Crescendo, das in Hastings seinen Höhepunkt fand. Ich sage Ihnen, bei uns ist hier alles schief gelaufen, außer Hastings. Er war der einzige Name, den wir noch heraufbeschwören konnten, und das durfte nicht so gut sein, nein, bei Gott! Es ist schon schlimm genug, dass eine Bande höllischer Juden uns hierher bringt, wo es kein irdisches englisches Interesse gibt, dem wir dienen können, und uns verdammt noch mal verprügelt, nur weil Nosy Zimmern der Hälfte des Kabinetts Geld geliehen hat. Es ist schon schlimm genug, dass ein alter Pfandleiher aus Bagdad uns dazu zwingt, seine Schlachten auszufechten; Wir können nicht mit abgeschnittener rechter Hand kämpfen. Unser einziges Ergebnis war Hastings und sein Sieg, der eigentlich der Sieg eines anderen war. Tom Travers muss leiden, und Sie auch."

Dann, nach einem Moment des Schweigens, zeigte er auf den bodenlosen Brunnen und sagte in ruhigerem Ton:

„Ich habe dir gesagt, dass ich nicht an die Philosophie des Turms von Aladdin glaube. Ich glaube nicht daran, dass das Imperium wächst, bis es den Himmel erreicht; Ich glaube nicht daran, dass der Union Jack ewig weiter steigt wie der Tower. Aber wenn Sie denken, ich werde den Union Jack ewig sinken lassen, wie den bodenlosen Brunnen, hinab in die Schwärze des Abgrunds, hinab in Niederlage und Spott, inmitten des Spottes der Juden, die uns ausgesaugt haben – Nein, das werde ich nicht, und das ist platt; Nicht, wenn der Kanzler von zwanzig Millionären mit ihren Dachrinnenlappen erpresst würde, nicht, wenn der Premierminister zwanzig Yankee-Jüdinnen heiratete, nicht, wenn Woodville und Carstairs Anteile an zwanzig betrügerischen Minen hätten. Wenn das Ding wirklich wackelt, Gott helfe ihm, dürfen wir es nicht umkippen."

Boyle betrachtete ihn mit einer Verwirrung, die fast an Angst grenzte und sogar einen Anflug von Abscheu verspürte.

„Irgendwie", sagte er, „scheint etwas ziemlich Schreckliches an den Dingen zu sein, die du weißt."

„Das gibt es", antwortete Horne Fisher. „Mit meinem geringen Wissens- und Reflexionsschatz bin ich überhaupt nicht zufrieden. Aber da es zum Teil dafür verantwortlich ist, dass Sie nicht gehängt wurden, weiß ich nicht, dass Sie sich darüber beschweren müssen."

Und als ob er sich seiner ersten Prahlerei ein wenig schämte, drehte er sich um und schlenderte zum bodenlosen Brunnen.

V. Die Modeerscheinung des Fischers

Eine Sache kann manchmal zu außergewöhnlich sein, um im Gedächtnis zu bleiben. Wenn es aus dem Lauf der Dinge herausgelöst ist und scheinbar keine Ursachen und keine Folgen hat, erinnern spätere Ereignisse nicht daran, und es bleibt nur eine unterbewusste Sache, die lange danach durch einen Unfall bewegt wird. Es driftet auseinander wie ein vergessener Traum; Und es war in der Stunde vieler Träume, bei Tagesanbruch und sehr bald nach Einbruch der Dunkelheit, als sich ein so seltsamer Anblick einem Mann bot, der mit einem Boot einen Fluss im Westen des Landes hinunterfuhr. Der Mann war wach; Tatsächlich hielt er sich für ziemlich hellwach, da er der politische Journalist Harold March war, der auf dem Weg war, verschiedene politische Prominente in ihren Landsitzen zu interviewen. Aber das, was er sah, war so bedeutungslos, dass es eingebildet gewesen sein könnte. Es entging ihm einfach und ging in späteren und völlig anderen Ereignissen verloren; Er konnte die Erinnerung nicht einmal wiedererlangen, bis er lange danach die Bedeutung entdeckt hatte.

Blasse Morgennebel lagen auf den Feldern und den Binsen an einem Flussufer; Auf der anderen Seite verlief eine Mauer aus gelbbraunen Ziegeln, die fast über das Wasser hinausragte. Er hatte seine Ruder losgelassen und ließ sich einen Moment lang mit dem Strom treiben, als er den Kopf drehte und sah, dass die Monotonie der langen Backsteinmauer durch eine Brücke unterbrochen wurde; eher eine elegante Brücke aus dem 18. Jahrhundert mit kleinen Säulen aus weißem Stein, die grau werden. Es hatte Überschwemmungen gegeben, und der Fluss stand immer noch sehr hoch, mit hüfthohen Zwergbäumen darin, und unter der Krümmung der Brücke schimmerte eher ein schmaler Bogen weißer Morgendämmerung.

Als sein eigenes Boot durch den dunklen Torbogen fuhr , sah er ein anderes Boot auf sich zukommen, das von einem Mann gesteuert wurde, der ebenso einsam war wie er. Aufgrund seiner Haltung konnte man ihn kaum sehen, aber als er sich der Brücke näherte, stand er im Boot auf und drehte sich um. Er war jedoch schon so nah am dunklen Eingang, dass sein ganzer Körper im Morgenlicht schwarz wirkte und March von seinem Gesicht nichts außer den Enden zweier langer Schnurrbärte oder Schnurrbärte sehen konnte, die der Silhouette etwas Unheimliches verliehen, wie Hörner am falschen Ort. Selbst diese Details wären March nie aufgefallen, wenn nicht im selben Moment etwas geschehen wäre. Als der Mann unter die niedrige Brücke gelangte , sprang er darauf zu, hing mit baumelnden Beinen und ließ das Boot unter sich wegtreiben. March hatte für einen Moment die Vision von zwei schwarzen Beinen, die um sich traten; dann von einem schwarzen Trittbein; und dann von nichts außer dem wirbelnden Strom und der langen

Perspektive der Mauer. Aber wenn er lange danach noch einmal daran dachte, als er die Geschichte verstand, in der es eine Rolle spielte, blieb es immer in dieser einen fantastischen Form fixiert – als wären diese wilden Beine eine groteske geschnitzte Verzierung der Brücke selbst, sozusagen ein Wasserspeier. Im Moment ging er einfach starrend den Bach hinunter. Er konnte keine fliegende Gestalt auf der Brücke sehen, sie musste also bereits geflohen sein; aber er war sich halb bewusst, dass die Tatsache, dass er zwischen den Bäumen rund um den Brückenkopf gegenüber der Mauer einen Laternenpfahl sah, eine schwache Bedeutung hatte; und neben dem Laternenpfahl der breite blaue Rücken eines bewusstlosen Polizisten.

Noch bevor er das Heiligtum seiner politischen Pilgerreise erreichte , musste er neben dem seltsamen Zwischenfall mit der Brücke noch an viele andere Dinge denken; denn die Führung eines Bootes durch einen einsamen Mann war selbst auf einem so einsamen Fluss nicht immer einfach. Und tatsächlich war es nur ein unvorhergesehener Zufall, dass er ein Einzelgänger war. Das Boot war gekauft und die gesamte Expedition zusammen mit einem Freund geplant worden, der im letzten Moment gezwungen war, alle seine Arrangements zu ändern. Harold March sollte mit seinem Freund Horne Fisher auf dieser Inlandsreise nach Willowood Place reisen, wo der Premierminister gerade zu Gast war. Immer mehr Menschen hörten von Harold March, denn seine auffälligen politischen Artikel öffneten ihm die Türen immer größerer Salons; aber er hatte den Premierminister noch nie getroffen. Kaum jemand in der breiten Öffentlichkeit hatte jemals von Horne Fisher gehört; aber er hatte den Premierminister sein ganzes Leben lang gekannt. Aus diesen Gründen wäre March, wenn die beiden die geplante Reise gemeinsam unternommen hätten, möglicherweise etwas geneigt gewesen, sie zu beschleunigen, und Fisher einigermaßen damit zufrieden gewesen, sie zu verlängern. Denn Fisher gehörte zu den Menschen, die mit dem Premierminister geboren wurden. Das Wissen schien keine besonders belebende Wirkung zu haben und hatte in seinem Fall eine gewisse Ähnlichkeit damit, müde zur Welt zu kommen. Aber er war sichtlich verärgert, als er gerade, als er ein wenig Angelausrüstung und Zigarren für die Reise einpackte, ein Telegramm von Willowood erhielt, in dem er ihn aufforderte, sofort mit dem Zug nach Hause zu kommen, da der Premierminister noch in dieser Nacht abreisen müsse. Fisher wusste, dass sein Freund, der Journalist, unmöglich vor dem nächsten Tag anfangen konnte, und er mochte seinen Freund, den Journalisten, und hatte sich auf ein paar Tage auf dem Fluss gefreut. Er mochte den Premierminister weder besonders, noch mochte er ihn nicht besonders, aber die Alternative, ein paar Stunden im Zug zu sitzen, gefiel ihm zutiefst. Dennoch akzeptierte er Premierminister wie Eisenbahnzüge – als Teil eines Systems, dessen Zerstörung er zumindest nicht als Revolutionär auf die Erde geschickt hatte. Also rief er March an und bat ihn unter vielen entschuldigenden Flüchen und schwachen Verdammungen, wie vereinbart mit dem Boot den Fluss hinunterzufahren, damit sie sich bis zur festgesetzten Zeit in Willowood treffen könnten; Dann ging er nach draußen und rief ein Taxi, das ihn zum Bahnhof bringen sollte. Dort blieb er am Bücherstand stehen, um seinem leichten Gepäck eine Reihe billiger Mordgeschichten hinzuzufügen, die er mit großer Freude las, ohne zu ahnen, dass er im wirklichen Leben auf eine ebenso seltsame Geschichte stoßen würde.

Kurz vor Sonnenuntergang kam er mit seinem leichten Koffer in der Hand vor dem Tor der langen Flussufergärten von Willowood Place an, einem der kleineren Sitze von Sir Isaac Hook, dem Kapitän vieler Schiffe und vieler Zeitungen. Er trat durch das Tor ein, das zur Straße führte, auf der gegenüberliegenden Seite des Flusses, aber in der ganzen Wasserlandschaft herrschte eine gemischte Qualität, die einen Reisenden ständig daran erinnerte, dass der Fluss in der Nähe war . Weiße Wasserschimmer würden plötzlich wie Schwerter oder Speere im grünen Dickicht aufleuchten. Und selbst im Garten selbst, der in Höfe unterteilt und mit Hecken und hohen Gartenbäumen behangen war, hing überall in der Luft die Musik des Wassers. Der erste der grünen Plätze, den er betrat, schien ein etwas vernachlässigter Krocket-Rasen zu sein, auf dem ein einsamer junger Mann gegen sich selbst Krocket spielte. Dennoch war er weder ein Fan des Spiels noch des Gartens; und sein fahles, aber wohlgeformtes Gesicht sah eher mürrisch aus als sonst. Er war nur einer dieser jungen Männer, die die Last des Bewusstseins nicht ertragen können, wenn sie nicht etwas tun, und deren Vorstellungen davon, etwas zu tun, auf eine Art Spiel beschränkt sind. Er war dunkelhäutig und gut in leichter Feiertagsmode gekleidet, und Fisher erkannte ihn sofort als einen jungen Mann namens James Bullen, der aus einem unbekannten Grund Bunker genannt wurde. Er war der Neffe von Sir Isaac; aber was im Moment viel wichtiger war, er war auch der Privatsekretär des Premierministers.

„Hallo, Bunker!" beobachtete Horne Fisher. „Du bist der Typ Mann, den ich sehen wollte. Ist Ihr Chef schon heruntergekommen?"

„Er bleibt nur zum Abendessen", antwortete Bullen, den Blick auf den gelben Ball gerichtet. „Morgen wird er in Birmingham eine großartige Rede halten und heute Abend wird er sofort durchhalten. Er fährt selbst dorthin; Autofahren, meine ich. Darauf ist er wirklich stolz."

„Du meinst, du bleibst hier bei deinem Onkel, wie ein guter Junge?" antwortete Fisher. „Aber was wird der Chef in Birmingham ohne die Epigramme tun, die ihm seine brillante Sekretärin zuflüstert?"

„Fangen Sie nicht an, mich zu verprügeln", sagte der junge Mann namens Bunker. „Ich bin nur zu froh, ihm nicht hinterherlaufen zu müssen. Er hat keine Ahnung von Karten, Geld, Hotels oder so, und ich muss herumtanzen wie ein Kurier. Was meinen Onkel betrifft, da ich auf das Anwesen kommen soll, ist es nur anständig, manchmal hier zu sein."

„Sehr richtig", antwortete der andere. „Nun, wir sehen uns später", und als er den Rasen überquerte, trat er durch eine Lücke in der Hecke in Ohnmacht.

Er ging über den Rasen zum Anlegesteg am Fluss und spürte immer noch überall um sich herum, unter der Kuppel des goldenen Abends, den Duft und Widerhall der Alten Welt in diesem vom Fluss heimgesuchten Garten. Das nächste Rasenstück, das er überquerte, schien auf den ersten Blick ziemlich verlassen zu sein, bis er im Zwielicht der Bäume in einer Ecke eine Hängematte sah und in der Hängematte einen Mann, der eine Zeitung las und ein Bein über den Rand des Netzes schwang .

Auch ihn rief er mit Namen an, und der Mann ließ sich zu Boden fallen und schlenderte vorwärts. Es schien schicksalhaft, dass er in den Unfällen dieses Ortes etwas von der Vergangenheit spüren sollte, denn die Figur könnte durchaus ein früher viktorianischer Geist gewesen sein, der die Geister der Krocket- und Schlägerkörbe wieder aufsuchte. Es war die Gestalt eines älteren Mannes mit langem Schnurrbart, der fast fantastisch aussah, und einem kuriosen und sorgfältig geschnittenen Kragen und einer Krawatte. Da er vor vierzig Jahren ein modischer Dandy gewesen war, war es ihm gelungen, das Dandytum zu bewahren und gleichzeitig die Mode zu ignorieren. Ein weißer Zylinder lag neben der Morning Post in der Hängematte hinter ihm. Dies war der Herzog von Westmoreland, das Relikt einer Familie, die tatsächlich einige Jahrhunderte alt war; und die Antike war keine Heraldik, sondern Geschichte. Niemand wusste besser als Fisher, wie selten solche Adligen tatsächlich sind und wie zahlreich sie in der Literatur vorkommen. Aber ob der Herzog den allgemeinen Respekt, den er genoss, der Echtheit seines Stammbaums oder der Tatsache verdankte, dass er eine große Menge sehr wertvollen Eigentums besaß, wäre eine Frage gewesen, über die Mr. Fishers Meinung vielleicht interessanter gewesen wäre.

„Sie sahen so bequem aus", sagte Fisher, „dass ich dachte, Sie müssten einer der Diener sein. Ich suche jemanden, der mir meine Tasche wegnimmt. Ich habe keinen Mann zu Fall gebracht, da ich in Eile weggekommen bin."

„Das habe ich übrigens auch nicht", antwortete der Herzog mit einigem Stolz. "Ich mache nie. Wenn es ein lebendes Tier gibt , hasse ich es, dass es ein Kammerdiener ist. Ich habe schon früh gelernt, mich selbst zu kleiden und sollte es auch anständig machen. Ich bin vielleicht in meiner zweiten Kindheit, aber ich bin noch nicht so weit gekommen, wie ein Kind gekleidet zu sein."

„Der Premierminister hat keinen Kammerdiener mitgebracht; Er hat stattdessen eine Sekretärin mitgebracht", bemerkte Fisher. „Teufellich minderwertiger Job. Habe ich nicht gehört, dass Harker hier unten war?"

„Er ist da drüben am Landungssteg", antwortete der Herzog gleichgültig und nahm das Studium der Morning Post wieder auf.

Fisher ging hinter der letzten grünen Wand des Gartens auf eine Art Treidelpfad mit Blick auf den Fluss und eine Holzinsel gegenüber. Dort sah er tatsächlich eine schlanke, dunkle Gestalt mit einer Haltung, die fast der eines Geiers ähnelte, eine Haltung, die in den Gerichtshöfen als die des Generalstaatsanwalts Sir John Harker bekannt ist. Sein Gesicht war voller Kopffalten, denn unter den drei Müßiggängern im Garten war er ein Mann, der seinen eigenen Weg gegangen war; und um seine kahle Stirn und die hohlen Schläfen hingen mattrote Haare, ganz flach, wie Kupferplatten.

„Ich habe meinen Gastgeber noch nicht gesehen", sagte Horne Fisher in einem etwas ernsteren Ton, als er es von den anderen gewohnt war, „aber ich nehme an, ich werde ihn beim Abendessen treffen."

„Sie können ihn jetzt sehen; aber du kannst ihn nicht treffen", antwortete Harker.

Er nickte mit dem Kopf in Richtung des gegenüberliegenden Endes der Insel, und als der andere Gast fest in die gleiche Richtung blickte, konnte er die Kuppel eines kahlen Kopfes und die Spitze einer Angelrute sehen, die beide gleichermaßen regungslos aus dem hohen Unterholz aufragten vor dem Hintergrund des Baches dahinter. Der Fischer schien an einem Baumstumpf zu sitzen und dem anderen Ufer zugewandt zu sein, so dass sein Gesicht nicht zu sehen war, aber die Form seines Kopfes war unverkennbar.

„Er mag es nicht, wenn er beim Angeln gestört wird", fuhr Harker fort. „Es ist eine Art Modeerscheinung von ihm, nur Fisch zu essen, und er ist sehr stolz darauf, seinen eigenen Fisch zu fangen. Natürlich legt er großen Wert auf Einfachheit, wie so viele dieser Millionäre. Er kommt gerne herein und sagt, er habe wie ein Arbeiter für sein tägliches Brot gearbeitet."

„Erklärt er, wie er das ganze Glas bläst und alle Polster füllt", fragte Fisher, „und alle silbernen Gabeln herstellt, alle Weintrauben und Pfirsiche anbaut und alle Muster auf den Teppichen entwirft? Ich habe immer gehört, dass er ein vielbeschäftigter Mann war."

„Ich glaube nicht, dass er es erwähnt hat", antwortete der Anwalt. „Was bedeutet diese Gesellschaftssatire?"

„Nun, ich bin ein bisschen müde", sagte Fisher, „von dem einfachen Leben und dem anstrengenden Leben, wie es unsere kleine Gruppe führt.

Wir sind alle in fast allem wirklich abhängig, und wir alle machen viel Aufhebens darum, in etwas unabhängig zu sein. Der Premierminister ist stolz darauf, auf einen Chauffeur zu verzichten, aber auf ein Faktotum und einen Alleskönner kann er nicht verzichten; und der arme alte Bunker muss die Rolle eines Universalgenies spielen, für das er weiß Gott nie bestimmt war. Der Herzog ist stolz darauf, auf einen Diener verzichten zu können, aber trotzdem muss er vielen Leuten höllisch viel Mühe geben, um solch außergewöhnliche alte Kleidung, die er trägt, einzusammeln. Er muss sie im British Museum nachschlagen oder aus den Gräbern ausgraben lassen. Allein dieser weiße Hut muss eine Art Expedition erfordern, um ihn zu finden, wie der Nordpol. Und hier haben wir den alten Hook, der so tut, als würde er seinen eigenen Fisch produzieren, obwohl er weder seine eigenen Fischmesser noch seine eigenen Fischgabeln herstellen konnte, um ihn damit zu essen. Er mag in einfachen Dingen wie Essen einfach sein, aber Sie können wetten, dass er luxuriös ist, wenn es um luxuriöse Dinge geht, insbesondere um kleine Dinge. Ich schließe dich nicht ein; Du hast zu hart gearbeitet, um bei der Arbeit Spaß am Spielen zu haben."

„Manchmal denke ich", sagte Harker, „dass du ein schreckliches Geheimnis verbirgst, dass du manchmal nützlich bist." Sind Sie nicht hergekommen, um Nummer Eins zu sehen, bevor er nach Birmingham weitergeht?"

Horne Fisher antwortete mit leiserer Stimme: „Ja; und ich hoffe, dass ich das Glück habe, ihn vor dem Abendessen zu fangen. Er muss gleich danach mit Sir Isaac sprechen."

„Hallo!" rief Harker aus. „Sir Isaac hat sein Angeln beendet. Ich weiß, dass er stolz darauf ist, bei Sonnenaufgang aufzustehen und bei Sonnenuntergang hineinzugehen."

Der alte Mann auf der Insel war tatsächlich aufgestanden, drehte sich um und zeigte einen Busch grauen Bartes mit eher kleinen, eingefallenen Gesichtszügen, aber wilden Augenbrauen und scharfen, cholerischen Augen. Behutsam trug er sein Angelgerät und machte sich bereits auf den Weg zurück zum Festland über eine Brücke aus flachen Trittsteinen ein Stück den flachen Bach hinunter; Dann drehte er sich um, kam auf seine Gäste zu und begrüßte sie höflich. Er hatte mehrere Fische in seinem Korb und war guter Laune.

„Ja", sagte er und nahm Fishers höfliche Miene der Überraschung zur Kenntnis, „ich stehe vor allen anderen im Haus auf, glaube ich." Der frühe Vogel fängt den Wurm."

„Leider", sagte Harker, „ist es der frühe Fisch, der den Wurm fängt."

„Aber der frühe Mensch fängt den Fisch", antwortete der alte Mann schroff.

„Aber soweit ich gehört habe, Sir Isaac, sind Sie auch der verstorbene Mann", warf Fisher ein. „Sie müssen mit sehr wenig Schlaf auskommen."

„Ich hatte nie viel Zeit zum Schlafen", antwortete Hook, „und ich werde heute Abend sowieso der Verstorbene sein müssen. Der Premierminister möchte sich unterhalten, sagt er mir, und alles in allem denke ich, dass wir uns besser zum Abendessen umziehen sollten."

Das Abendessen verlief an diesem Abend ohne ein Wort der Politik und mit wenig bis auf zeremonielle Kleinigkeiten. Der Premierminister, Lord Merivale, ein langer, schlanker Mann mit lockigem grauem Haar, lobte seinen Gastgeber in ernster Form für seinen Erfolg als Fischer und die Fähigkeiten und Geduld, die er an den Tag legte; Das Gespräch floss wie ein seichter Bach durch die Trittsteine.

„Man braucht zweifellos Geduld, um auf sie zu warten", sagte Sir Isaac, „und Geschick, sie zu spielen, aber im Allgemeinen habe ich ziemlich viel Glück dabei."

„Durchbricht jemals ein großer Fisch die Leine und entkommt?" fragte der Politiker mit respektvollem Interesse.

„Nicht die Art von Linie, die ich verwende", antwortete Hook zufrieden. „Eigentlich bin ich eher auf Tackle spezialisiert. Wenn er stark genug wäre, das zu tun, wäre er auch stark genug, mich in den Fluss zu ziehen."

„Ein großer Verlust für die Gemeinschaft", sagte der Premierminister und verneigte sich.

Fisher hatte all diesen Sinnlosigkeiten mit innerer Ungeduld zugehört und auf seine eigene Gelegenheit gewartet, und als der Gastgeber aufstand , sprang er mit einer Wachsamkeit auf, die er selten zeigte. Es gelang ihm, Lord Merivale zu fangen, bevor Sir Isaac ihn zum letzten Interview entführte. Er hatte nur ein paar Worte zu sagen, aber er wollte, dass sie ausgesprochen wurden.

Als er dem Premierminister die Tür öffnete, sagte er mit leiser Stimme: „Ich habe Montmirail gesehen ; Er sagt, wenn wir nicht sofort im Namen Dänemarks protestieren, wird Schweden mit Sicherheit die Häfen beschlagnahmen."

Lord Merivale nickte. „Ich werde einfach hören, was Hook dazu zu sagen hat", sagte er.

„Ich kann mir vorstellen", sagte Fisher mit einem schwachen Lächeln, „dass es kaum Zweifel daran gibt, was er dazu sagen wird."

Merivale antwortete nicht, sondern schlenderte anmutig in Richtung der Bibliothek, wohin sein Gastgeber ihm bereits vorausgegangen war. Der Rest schlenderte in Richtung Billardzimmer, während Fisher dem Anwalt nur eine Bemerkung machte: „Es wird nicht mehr lange dauern. Wir wissen, dass sie praktisch einer Meinung sind."

„Hook unterstützt den Premierminister voll und ganz", stimmte Harker zu.

„Oder der Premierminister unterstützt Hook voll und ganz", sagte Horne Fisher und begann müßig, die Kugeln auf dem Billardtisch herumzuschlagen.

Horne Fisher kam am nächsten Morgen spät und gemächlich herunter, wie es seiner verwerflichen Angewohnheit entsprach; er hatte offensichtlich keine Lust, Würmer zu fangen. Aber die anderen Gäste schienen eine ähnliche Gleichgültigkeit empfunden zu haben und bedienten sich in den Stunden kurz vor dem Mittagessen in regelmäßigen Abständen von der Anrichte zum Frühstück. So dass es nicht viele Stunden später dauerte, bis sie das erste Gefühl dieses seltsamen Tages überkamen. Es handelte sich um einen jungen Mann mit hellem Haar und offenem Gesichtsausdruck, der den Fluss hinunterkam und an der Anlegestelle ausstieg. Tatsächlich handelte es sich um niemand anderen als Herrn Harold March, dessen Reise in den frühen Morgenstunden weit entfernt flussaufwärts begonnen hatte. Er kam am späten Nachmittag an, nachdem er in einer großen Stadt am Flussufer zum Tee angehalten hatte, und aus seiner Tasche ragte eine rosa Abendzeitung. Er fiel wie ein ruhiger und braver Blitz auf den Garten am Flussufer, aber er war ein Blitz, ohne es zu wissen.

Der erste Austausch von Begrüßungen und Vorstellungen war recht alltäglich und bestand in der Tat aus der unvermeidlichen Wiederholung von Entschuldigungen für die exzentrische Zurückgezogenheit des Gastgebers. Er war natürlich wieder angeln gegangen und durfte bis zur verabredeten Stunde nicht gestört werden, obwohl er nur einen Steinwurf von der Stelle entfernt saß, an der sie standen.

„Sie sehen, es ist sein einziges Hobby", bemerkte Harker entschuldigend, „und schließlich ist es sein eigenes Haus; und auch sonst ist er sehr gastfreundlich."

„Ich habe eher Angst", sagte Fisher mit leiserer Stimme, „dass es mehr zu einer Manie als zu einem Hobby wird." Ich weiß, wie es ist, wenn ein Mann in diesem Alter anfängt, Dinge zu sammeln, und sei es nur diese faulen kleinen Flussfische. Du erinnerst dich an Talbots Onkel mit seinen Zahnstochern und den armen alten Buzzy und die Verschwendung von Zigarrenasche. Hook hat in seiner Zeit viele große Dinge getan – das Große im schwedischen Holzhandel und die Friedenskonferenz in Chicago –, aber ich bezweifle, dass er sich jetzt um irgendetwas von diesen großen Dingen kümmert, so wie er sich um diese kleinen Fische kümmert."

„Oh, komm, komm", protestierte der Generalstaatsanwalt. „Sie werden Mr. March glauben lassen, er sei gekommen, um einen Verrückten aufzusuchen. Glauben Sie mir, Hook macht es nur zum Spaß, wie jede andere Sportart auch, nur dass er zu der Sorte gehört, die seinen Spaß traurig nimmt. Aber ich wette, wenn es große Neuigkeiten über Holz oder Schifffahrt gäbe, würde er seinen Spaß und seine Fische aufgeben."

„Nun, das frage ich mich", sagte Horne Fisher und blickte schläfrig auf die Insel im Fluss.

„Übrigens, gibt es Neuigkeiten von irgendetwas?" fragte Harker von Harold March. „Wie ich sehe, haben Sie eine Abendzeitung; eine dieser unternehmungslustigen Abendzeitungen, die morgens erscheinen."

„Der Anfang von Lord Merivales Rede in Birmingham", antwortete March und reichte ihm das Papier. „Es ist nur ein Absatz, aber er scheint mir ziemlich gut zu sein."

Harker nahm die Zeitung, faltete sie zusammen und schaute sich die „Stop Press"-Nachrichten an. Es war, wie March gesagt hatte, nur ein Absatz. Aber es war ein Absatz, der eine besondere Wirkung auf Sir John Harker hatte. Seine gesenkten Brauen hoben sich flackernd, seine Augen blinzelten, und für einen Moment war sein ledriger Kiefer locker. Er sah auf seltsame Weise wie ein sehr alter Mann aus. Dann verhärtete er seine Stimme, reichte Fisher ohne zu zittern das Papier und sagte einfach:

„Nun, hier ist eine Chance für die Wette. Du hast eine große Neuigkeit, die Fischerei des alten Mannes zu stören."

Horne Fisher blickte auf die Zeitung, und auch in seinen eher trägen und weniger ausdrucksstarken Gesichtszügen schien sich eine Veränderung abzuzeichnen. Sogar dieser kleine Absatz hatte zwei oder drei große Schlagzeilen, und sein Blick traf auf „Sensationelle Warnung an Schweden" und „Wir werden protestieren".

„Was zum Teufel …", sagte er und seine Worte wurden zunächst zu einem Flüstern und dann zu einem Pfiff.

„Wir müssen es dem alten Hook sofort sagen, sonst wird er uns nie vergeben", sagte Harker. „Er wird Nummer Eins wahrscheinlich sofort sehen wollen, auch wenn es jetzt vielleicht zu spät ist. Ich gehe sofort zu ihm hinüber. Ich wette, ich werde ihn auf jeden Fall dazu bringen, seinen Fisch zu vergessen." Und er drehte sich um und ging eilig am Flussufer entlang zum Damm aus flachen Steinen.

March starrte Fisher an und war erstaunt über die Wirkung, die sein rosafarbenes Papier hervorgerufen hatte.

"Was soll das alles heißen?" er weinte. „Ich habe immer angenommen, wir sollten zur Verteidigung der dänischen Häfen protestieren, in ihrem und unserem eigenen Interesse. Was ist das für eine Sorge um Sir Isaac und den Rest von Ihnen? Halten Sie das für eine schlechte Nachricht?“

"Schlechte Nachrichten!" wiederholte Fisher mit einer Art sanfter, unaussprechlicher Betonung.

„Ist es so schlimm ?“ fragte schließlich sein Freund.

„So schlimm ist das alles?“ wiederholte Fisher. „Natürlich ist es so gut, wie es nur sein kann. Das sind großartige Neuigkeiten. Das sind großartige Neuigkeiten! Hier kommt der Teufel ins Spiel, der uns alle in den Wahnsinn treibt. Es ist bewundernswert. Es ist unschätzbar. Es ist auch ziemlich unglaublich.“

Er blickte erneut auf die grauen und grünen Farben der Insel und des Flusses, und sein eher trübes Auge wanderte langsam zu den Hecken und Rasenflächen.

„Ich hatte das Gefühl, dass dieser Garten eine Art Traum war“, sagte er, „und ich glaube, ich muss träumen. Aber es wächst Gras und Wasser bewegt sich; und etwas Unmögliches ist passiert.“

Noch während er sprach, erschien die dunkle Gestalt mit gebeugter Haltung wie ein Geier in der Lücke der Hecke direkt über ihm.

„Sie haben Ihre Wette gewonnen“, sagte Harker mit rauer und fast krächzender Stimme. „Der alte Narr kümmert sich nur ums Angeln. Er verfluchte mich und sagte mir, er würde nicht über Politik reden.“

„Ich dachte, es könnte so sein“, sagte Fisher bescheiden. "Was machst du als nächstes?"

„Ich werde auf jeden Fall das Telefon des alten Idioten benutzen“, antwortete der Anwalt. „Ich muss genau herausfinden, was passiert ist. Ich muss morgen selbst für die Regierung sprechen.“ Und er eilte zum Haus.

In der darauf folgenden Stille, einer für March sehr verwirrenden Stille, sahen sie die seltsame Gestalt des Herzogs von Westmoreland mit seinem weißen Hut und dem Schnurrbart, der sich ihnen über den Garten näherte. Fisher trat sofort mit dem rosa Papier in der Hand auf ihn zu und wies mit ein paar Worten auf den apokalyptischen Absatz hin. Der Herzog, der langsam gegangen war, stand ganz still und sah einige Sekunden lang wie eine Schneiderpuppe aus, die vor einem veralteten Laden stand und starrte. Dann hörte März seine Stimme, und sie war hoch und fast hysterisch:

„Aber er muss es sehen; er muss verständlich gemacht werden. Es kann ihm nicht richtig vorgetragen werden." Dann, mit einer gewissen Wiederkehr der Fülle und sogar Wichtigtuerei in der Stimme: „Ich werde hingehen und es ihm selbst sagen."

Unter den seltsamen Vorkommnissen dieses Nachmittags erinnerte sich March immer an etwas fast Komisches an das klare Bild des alten Herrn mit seinem wundervollen weißen Hut, der vorsichtig von Stein zu Stein über den Fluss schritt, wie eine Gestalt, die den Verkehr in Piccadilly überquert. Dann verschwand er hinter den Bäumen der Insel, und March und Fisher drehten sich um, um den Generalstaatsanwalt zu treffen, der mit einem Gesichtsausdruck grimmiger Selbstsicherheit aus dem Haus kam.

„Alle sagen", sagte er, „dass der Premierminister die größte Rede seines Lebens gehalten hat." Schlussrede und lauter und anhaltender Jubel. Korrupte Finanziers und heldenhafte Bauern. Wir werden Dänemark nicht noch einmal im Stich lassen."

Fisher nickte und wandte sich dem Treidelpfad zu, wo er den Herzog mit ziemlich benommener Miene zurückkehren sah. Auf Fragen antwortete er mit heiserer und vertraulicher Stimme:

„Ich glaube wirklich, dass unser armer Freund nicht er selbst sein kann. Er weigerte sich, zuzuhören; er – ach – hat vorgeschlagen, dass ich den Fisch erschrecken könnte."

Ein scharfes Ohr hätte vielleicht ein Murmeln von Mr. Fisher zum Thema eines weißen Hutes wahrgenommen, aber Sir John Harker traf es entschiedener:

„Fisher hatte völlig recht. Ich habe es selbst nicht geglaubt, aber es ist ganz klar, dass der Alte inzwischen auf diese Angelvorstellung fixiert ist. Wenn das Haus hinter ihm Feuer fing , würde er sich bis zum Sonnenuntergang kaum bewegen."

Fisher hatte seinen Spaziergang in Richtung des höher gelegenen, aufgeschütteten Geländes des Treidelpfads fortgesetzt und richtete nun seinen langen und forschenden Blick nicht auf die Insel, sondern auf die fernen bewaldeten Höhen, die die Talwände bildeten. Ein Abendhimmel, so klar wie am Vortag, breitete sich über der düsteren Landschaft aus, aber im Westen war er jetzt eher rot als gold; Außer der monotonen Musik des Flusses war kaum etwas zu hören. Dann ertönte ein halb unterdrückter Ausruf von Horne Fisher, und Harold March blickte verwundert zu ihm auf.

„Sie haben von schlechten Nachrichten gesprochen", sagte Fisher. „Nun, es gibt jetzt wirklich schlechte Nachrichten. Ich fürchte, das ist ein schlechtes Geschäft."

„Welche schlechten Nachrichten meinen Sie?" fragte sein Freund, dem etwas Seltsames und Unheimliches in seiner Stimme bewusst war.

„Die Sonne ist untergegangen", antwortete Fisher.

Er fuhr mit der Miene eines Menschen fort, der sich bewusst ist, etwas Verhängnisvolles gesagt zu haben. „Wir müssen jemanden zum Gespräch finden, dem er wirklich zuhört. Er mag verrückt sein, aber sein Wahnsinn hat Methode. Im Wahnsinn steckt fast immer Methode. Es ist das, was Männer in den Wahnsinn treibt: Methodik. Und nach Sonnenuntergang sitzt er nie mehr dort, während es im ganzen Haus dunkel wird. Wo ist sein Neffe? Ich glaube, er hat seinen Neffen wirklich gern."

"Sehen!" rief März plötzlich. „Er ist schon drüben gewesen. Da kommt er zurück."

Und als sie noch einmal den Fluss hinaufblickten, sahen sie, dunkel vor den Spiegelungen des Sonnenuntergangs, die Gestalt von James Bullen, der hastig und ziemlich ungeschickt von Stein zu Stein schritt. Einmal rutschte er mit einem leichten Platschen auf einem Stein aus. Als er sich wieder der Gruppe am Ufer anschloss, war sein olivfarbenes Gesicht unnatürlich blass.

Die anderen vier Männer hatten sich bereits an derselben Stelle versammelt und riefen ihm fast gleichzeitig zu: „Was sagt er jetzt?"

"Nichts. Er sagt – nichts."

Fisher blickte den jungen Mann einen Moment lang fest an; Dann erwachte er aus seiner Unbeweglichkeit, machte March ein Zeichen, ihm zu folgen, und schritt selbst zum Flussübergang hinunter. Nach wenigen Augenblicken waren sie auf dem kleinen Trampelpfad, der um die bewaldete Insel herumführte, auf der anderen Seite, wo der Fischer saß. Dann standen sie da und sahen ihn wortlos an.

Sir Isaac Hook saß immer noch an den Baumstumpf gelehnt, und das aus gutem Grund. Ein Stück seiner eigenen unfehlbaren Angelschnur war zweimal um seine Kehle und dann zweimal um die Holzstütze hinter ihm gedreht und festgezogen. Der leitende Ermittler rannte vor und berührte die Hand des Fischers, und sie war so kalt wie ein Fisch.

„Die Sonne ist untergegangen", sagte Horne Fisher im gleichen schrecklichen Tonfall, „und er wird sie nie wieder aufgehen sehen."

Zehn Minuten später waren die fünf Männer, von solch einem Schock erschüttert, wieder zusammen im Garten und sahen einander mit weißen, aber wachsamen Gesichtern an. Der Anwalt schien der wachsamste in der Gruppe zu sein; er war wortgewandt, wenn auch etwas schroff.

„Wir müssen die Leiche so lassen, wie sie ist, und die Polizei rufen", sagte er. „Ich denke, meine eigene Autorität wird sich darauf erstrecken, die Papiere der Bediensteten und des armen Kerls zu prüfen, um herauszufinden, ob es irgendetwas gibt, das sie betrifft. Natürlich darf keiner von Ihnen, meine Herren, diesen Ort verlassen."

Vielleicht lag etwas in seiner schnellen und strengen Gesetzmäßigkeit, das darauf hindeutete, ein Netz oder eine Falle zu schließen. Wie auch immer, der junge Bullen brach plötzlich zusammen oder explodierte vielleicht, denn seine Stimme war wie eine Explosion im stillen Garten.

„Ich habe ihn nie berührt", rief er. „Ich schwöre, ich hatte nichts damit zu tun!"

„Wer hat gesagt, dass du das getan hast?" forderte Harker mit hartem Blick. „Warum schreist du, bevor du verletzt bist?"

„Weil ihr mich alle so anseht", rief der junge Mann wütend. „Glaubst du, ich weiß nicht, dass du immer von meinen verdammten Schulden und Erwartungen redest?"

Zu Marchs Überraschung hatte sich Fisher von diesem ersten Zusammenstoß zurückgezogen und den Herzog mit sich in einen anderen Teil des Gartens geführt. Als er außer Hörweite der anderen war, sagte er mit seltsam einfacher Art:

„Westmoreland, ich komme gleich zur Sache."

"Also?" sagte der andere und starrte ihn starr an.

„Sie haben ein Motiv, ihn zu töten", sagte Fisher.

Der Herzog starrte weiter, aber er schien nicht in der Lage zu sein zu sprechen.

„Ich hoffe, Sie hatten ein Motiv, ihn zu töten", fuhr Fisher milde fort. „Sehen Sie, es ist eine ziemlich merkwürdige Situation. Wenn Sie ein Mordmotiv haben, haben Sie wahrscheinlich nicht gemordet. Aber wenn Sie kein Motiv hatten, warum dann vielleicht doch?

"Wovon in aller Welt sprichtst du?" forderte der Herzog heftig.

„Es ist ganz einfach", sagte Fisher. „Als Sie hinübergingen, war er entweder lebendig oder tot. Wenn er am Leben wäre, könnten Sie es gewesen sein, der ihn getötet hat, oder warum hätten Sie über seinen Tod den Mund halten sollen? Aber wenn er tot wäre und Sie einen Grund gehabt hätten, ihn zu töten, hätten Sie vielleicht aus Angst vor einer Anklage den Mund gehalten." Dann, nach einer Pause, fügte er geistesabwesend hinzu: „Zypern ist ein wunderschöner Ort, glaube ich. Romantische Landschaften und romantische Menschen. Sehr berauschend für einen jungen Mann."

Der Herzog ballte plötzlich die Hände und sagte mit belegter Stimme: „Nun, ich hatte ein Motiv."

„Dann ist alles in Ordnung", sagte Fisher und streckte mit einem Ausdruck großer Erleichterung seine Hand aus. „Ich war mir ziemlich sicher, dass du es nicht wirklich tun würdest; Du hattest einen Schrecken, als du es fertig sahst, was nur natürlich war. Wie ein wahrgewordener böser Traum, nicht wahr?"

Während dieses merkwürdige Gespräch verging, war Harker ins Haus gegangen, ohne auf die Demonstrationen des mürrischen Neffen zu achten, und kam bald darauf mit neuer Miene und einem Bündel Papieren in der Hand zurück.

„Ich habe nach der Polizei gerufen", sagte er und hielt inne, um mit Fisher zu sprechen, „aber ich glaube, ich habe den größten Teil ihrer Arbeit für sie erledigt. Ich glaube, ich habe die Wahrheit herausgefunden. Hier liegt eine Zeitung ..." Er hielt inne, denn Fisher sah ihn mit einem seltsamen Gesichtsausdruck an; und es war Fisher, der als nächstes sprach:

„Gibt es irgendwelche Papiere, die nicht da sind, frage ich mich? Ich meine, das gibt es jetzt nicht?" Nach einer Pause fügte er hinzu: „Lassen Sie uns die Karten auf den Tisch legen. Als Sie seine Papiere so eilig durchgesehen haben, Harker, haben Sie da nicht nach etwas gesucht, um sicherzustellen, dass es nicht gefunden wird?"

Harker zuckte kein rotes Haar auf seinem harten Kopf, sondern blickte den anderen aus den Augenwinkeln an.

„Und ich nehme an", fuhr Fisher ruhig fort, „das ist der Grund, warum Sie uns auch gelogen haben, dass Sie Hook lebend aufgefunden haben." Sie wussten, dass es Hinweise darauf gab, dass Sie ihn getötet haben könnten, und Sie haben nicht gewagt, uns zu sagen, dass er getötet wurde. Aber glauben Sie mir, jetzt ist es viel besser, ehrlich zu sein."

Harkers hageres Gesicht erhellte sich plötzlich wie in höllischen Flammen.

„Ehrlich", rief er, „es ist nicht so verdammt nett von euch, ehrlich zu sein. Ihr kommt alle mit silbernen Löffeln im Mund zur Welt und prahlt dann mit ewiger Tugend herum, weil ihr nicht die Löffel anderer Leute in euren Taschen habt. Aber ich wurde in einer Pension in Pimlico geboren und musste meinen Löffel selbst machen, und es gibt viel zu sagen, dass ich nur ein Horn oder einen ehrlichen Mann verwöhnt habe. Und wenn ein kämpfender Mann in seiner Jugend ein wenig über die Grenze stolpert, in den unteren Bereichen des Gesetzes, die sowieso ziemlich schäbig sind, gibt es immer einen alten Vampir, der ihn dafür sein ganzes Leben lang festhält."

„Guatemaltekische Golcondas, nicht wahr?" sagte Fisher mitfühlend.

Harker schauderte plötzlich. Dann sagte er: „Ich glaube, dass du alles wissen musst, wie Gott, der Allmächtige."

„Ich weiß zu viel", sagte Horne Fisher, „und alles Falsche."

Die anderen drei Männer näherten sich ihnen, aber bevor sie ihnen zu nahe kamen, sagte Harker mit einer Stimme, die ihre ganze Festigkeit wiedererlangt hatte:

„Ja, ich habe ein Papier zerstört, aber ich habe auch wirklich ein Papier gefunden; und ich glaube, dass es uns alle reinigt."

„Sehr gut", sagte Fisher in einem lauteren und fröhlicheren Ton; „Lasst uns alle davon profitieren."

„Ganz oben in Sir Isaacs Papieren", erklärte Harker, „ befand sich ein Drohbrief von einem Mann namens Hugo. Es droht, unseren unglücklichen Freund genauso zu töten, wie er tatsächlich getötet wurde. Es ist ein wilder Brief voller Spott; Sie können es selbst sehen; aber es unterstreicht die Angewohnheit des armen Hook, von der Insel aus zu fischen. Vor allem gibt der Mann an, von einem Boot aus zu schreiben. Und da wir allein zu ihm gingen", und er lächelte ziemlich hässlich, „muss das Verbrechen von einem Mann begangen worden sein, der in einem Boot vorbeikam."

„Warum, mein Lieber!" rief der Herzog mit etwas, das fast einer Animation gleichkam. „Ich erinnere mich noch gut an den Mann namens Hugo! Er war eine Art Leibdiener und Leibwächter von Sir Isaac. Sehen Sie, Sir Isaac hatte Angst vor einem Angriff. Er war – er war bei einigen Leuten nicht sehr beliebt. Hugo wurde nach irgendeinem Streit entlassen; aber ich erinnere mich gut an ihn. Er war ein großer Ungar mit großen Schnurrbärten, die auf beiden Seiten seines Gesichts hervorstanden."

Eine Tür öffnete sich in der Dunkelheit von Harold Marchs Erinnerung, oder vielmehr Vergessenheit, und zeigte eine leuchtende Landschaft, wie die eines verlorenen Traums. Es war eher eine Wasserlandschaft als eine Landschaft, ein Ding aus überschwemmten Wiesen und niedrigen Bäumen und dem dunklen Torbogen einer Brücke. Und für einen Moment sah er noch einmal, wie der Mann mit dem Schnurrbart, der an dunkle Hörner erinnerte, auf die Brücke sprang und verschwand.

"Du lieber Himmel!" er weinte. „Heute Morgen habe ich den Mörder getroffen!"

* * *

Horne Fisher und Harold March hatten schließlich ihren Tag am Fluss, denn die kleine Gruppe löste sich auf, als die Polizei eintraf. Sie erklärten, dass das Zusammentreffen der Aussagen von March das gesamte Unternehmen freigesprochen habe, und schlossen den Fall gegen den fliegenden Hugo ab. Ob dieser ungarische Flüchtling jemals gefasst werden würde, schien Horne Fisher höchst zweifelhaft; Es kann auch nicht behauptet werden, dass er in dieser Angelegenheit irgendeine besonders dämonische detektivische Energie an den Tag gelegt hätte, als er sich rauchend in den Bootspolstern zurücklehnte und zusah, wie das schwankende Schilf vorbeizog.

„Es war eine sehr gute Idee, auf die Brücke zu springen", sagte er. „Ein leeres Boot bedeutet sehr wenig; Es wurde nicht beobachtet, dass er an einem der beiden Ufer landete, und er verließ die Brücke, ohne sie zu betreten, sozusagen. Er hat vierundzwanzig Stunden Startzeit; seine Schnurrbärte werden verschwinden, und dann wird er verschwinden. Ich denke, es besteht jede Hoffnung auf seine Flucht."

"Hoffnung?" wiederholte March und hörte für einen Moment auf zu rudeln.

„Ja, Hoffnung", wiederholte der andere. „Zunächst einmal werde ich mich nicht gerade auf korsische Rache einlassen, weil jemand Hook getötet hat. Vielleicht können Sie inzwischen erraten, was Hook war. Ein verdammt blutsaugender Erpresser war dieser einfache, anstrengende, selbsternannte Industriekapitän. Er hatte Geheimnisse gegen fast jeden; einer gegen den armen alten Westmoreland über eine frühe Heirat auf Zypern, die die Herzogin möglicherweise in eine seltsame Lage gebracht hätte; und eine gegen Harker, weil er als junger Anwalt mit dem Geld seines Mandanten geplaudert hatte. Das ist natürlich der Grund, warum sie zusammengebrochen sind, als sie ihn ermordet aufgefunden haben. Es kam ihnen vor, als hätten sie es im Traum getan. Aber ich gebe zu, dass ich noch einen weiteren Grund habe, warum ich nicht möchte, dass unser ungarischer Freund wegen des Mordes tatsächlich gehängt wird."

"Und was ist das?" fragte seinen Freund.

„Nur, dass er den Mord nicht begangen hat", antwortete Fisher.

Harold March legte die Ruder nieder und ließ das Boot einen Moment treiben.

„Wissen Sie, ich habe so etwas halb erwartet", sagte er. „Es war ziemlich irrational, aber es schwebte in der Atmosphäre herum, wie Donner in der Luft."

„Im Gegenteil, es ist irrational, Hugo für schuldig zu erklären", antwortete Fisher. „Sehen Sie nicht, dass sie ihn aus demselben Grund verurteilen, aus dem sie alle anderen freisprechen? Harker und Westmoreland schwiegen, weil sie ihn ermordet vorfanden und wussten, dass es Papiere gab, die sie wie die Mörder aussehen ließen. Nun, Hugo fand ihn ermordet vor, und Hugo wusste auch, dass es ein Papier gab, das ihn wie den Mörder aussehen lassen würde. Er hatte es am Tag zuvor selbst geschrieben."

„Aber in diesem Fall", sagte March stirnrunzelnd, „zu welcher unirdischen Morgenstunde wurde der Mord wirklich begangen? Es war kaum Tageslicht, als ich ihn an der Brücke traf, und das liegt etwas oberhalb der Insel."

„Die Antwort ist ganz einfach", antwortete Fisher. „Das Verbrechen wurde nicht am Morgen begangen. Das Verbrechen wurde nicht auf der Insel begangen."

March starrte auf das glänzende Wasser, ohne zu antworten, aber Fisher fuhr fort wie jemand, dem eine Frage gestellt wurde:

eine ungewöhnliche Eigenschaft in einer alltäglichen Situation auszunutzen . Das Besondere hier war die Vorstellung des alten Hook, jeden Morgen der erste Mann zu sein, seine feste Routine als Angler und sein Ärger darüber, gestört zu werden. Der Mörder erwürgte ihn am Abend zuvor nach dem Abendessen in seinem eigenen Haus, trug seine Leiche mit all seinem Angelgerät mitten in der Nacht über den Bach, band ihn an den Baum und ließ ihn dort unter den Sternen zurück. Es war ein toter Mann, der den ganzen Tag dort saß und fischte. Dann ging der Mörder zurück zum Haus, oder besser gesagt, in die Garage, und fuhr mit seinem Auto davon. Der Mörder fuhr sein eigenes Auto."

Fisher warf einen Blick auf das Gesicht seines Freundes und fuhr fort. „Du siehst entsetzt aus, und die Sache ist schrecklich. Aber auch andere Dinge sind schrecklich. Wenn ein unbekannter Mann von einem Erpresser verhext worden wäre und sein Familienleben ruiniert worden wäre, würde man die Ermordung seines Verfolgers nicht für den unentschuldbarsten aller Morde halten. Ist es schlimmer, wenn neben einer Familie auch eine ganze große Nation freigelassen wird? Durch diese Warnung an Schweden werden wir wahrscheinlich einen Krieg verhindern und ihn nicht beschleunigen und viele tausend Leben retten, die viel wertvoller sind als das Leben dieser Viper. Oh, ich rede nicht von Sophistik oder rechtfertige die Sache ernsthaft, aber die Sklaverei, die ihn und sein Land festhielt, war tausendmal weniger zu rechtfertigen. Wenn ich wirklich scharfsinnig gewesen wäre, hätte ich es anhand seines sanften, tödlichen Lächelns beim Abendessen an diesem Abend erraten. Erinnern Sie sich an das alberne Gerede darüber, wie der alte Isaac immer seinen Fisch spielen konnte? In einem ziemlich höllischen Sinne war er ein Menschenfischer."

Harold March nahm die Ruder und begann erneut zu rudern .

„Ich erinnere mich“, sagte er, „und daran, wie ein großer Fisch die Leine durchbrechen und entkommen könnte.“

VI. DAS LOCH IN DER WAND

Zwei Männer, der eine ein Architekt und der andere ein Archäologe, trafen sich auf den Stufen des großen Hauses im Prior's Park; und ihr Gastgeber, Lord Bulmer, hielt es auf seine lockere Art für selbstverständlich, sie vorzustellen. Man muss zugeben, dass er sowohl verschwommen als auch luftig war und keinen klaren Zusammenhang in seinem Kopf hatte, abgesehen von dem Gefühl, dass ein Architekt und ein Archäologe mit derselben Briefreihe beginnen. Die Welt muss in ehrfürchtigem Zweifel bleiben, ob er nach den gleichen Grundsätzen einen Diplomaten einem Dipsomanen oder einen Rattenfänger als Rattenfänger präsentiert hätte. Er war ein großer, blonder junger Mann mit Stierhals, voller äußerer Gesten, unbewusst wedelte er mit seinen Handschuhen und fuchtelte mit seinem Stock herum.

„Ihr zwei solltet etwas zum Reden haben", sagte er fröhlich. „Alte Gebäude und so etwas; Das ist übrigens eher ein altes Gebäude, obwohl ich das sagen sollte, wer das nicht tun sollte. Ich muss Sie bitten, mich einen Moment zu entschuldigen; Ich muss mir unbedingt die Karten für dieses Weihnachtsfest ansehen, das meine Schwester arrangiert hat. Wir hoffen natürlich, Sie alle dort zu sehen. Juliet möchte, dass es eine Kostümparty wird – Äbte und Kreuzfahrer und so weiter. Immerhin meine Vorfahren, nehme ich an."

„Ich gehe davon aus, dass der Abt kein Vorfahre war", sagte der archäologische Herr mit einem Lächeln.

„Nur eine Art Großonkel, glaube ich", antwortete der andere lachend; dann rollte sein ziemlich weitschweifiges Auge über die geordnete Landschaft vor dem Haus; eine künstliche Wasserfläche, die in der Mitte mit einer antiken Nymphe geschmückt war und von einem Park aus hohen Bäumen umgeben war, die jetzt grau, schwarz und frostig waren, denn es war mitten in einem strengen Winter.

„Es wird richtig kalt", fuhr Seine Lordschaft fort. „Meine Schwester hofft, dass wir neben dem Tanzen auch etwas Schlittschuhlaufen können."

„Wenn die Kreuzfahrer in voller Rüstung kommen", sagte der andere, „müssen Sie aufpassen, dass Sie Ihre Vorfahren nicht ertränken."

„Oh, davor gibt es keine Angst", antwortete Bulmer; „Dieser kostbare See ist nirgendwo zwei Fuß tief." Und mit einer seiner schwungvollen Gesten steckte er seinen Stock ins Wasser, um zu zeigen, dass es seicht ist. Sie konnten sehen, wie sich das kurze Ende im Wasser verbogen hatte, so dass es für einen Moment schien, als würde er sein großes Gewicht auf einen brechenden Stab stützen.

„Das Schlimmste, was man erwarten kann, ist, einen Abt ziemlich plötzlich sitzen zu sehen", fügte er hinzu und wandte sich ab. „Nun, au revoir; Ich werde dich später darüber informieren."

Der Archäologe und der Architekt blieben auf der großen Steintreppe zurück und lächelten einander an; aber was auch immer ihre gemeinsamen Interessen waren, sie stellten einen beträchtlichen persönlichen Kontrast dar, und der Fantastische hätte in jedem einzeln betrachtet sogar einen gewissen Widerspruch finden können. Ersterer, ein Mr. James Haddow, stammte aus einer schläfrigen Höhle in den Inns of Court, voller Leder und Pergament, denn das Gesetz war sein Beruf und die Geschichte nur sein Hobby; Er war tatsächlich unter anderem der Anwalt und Agent des Anwesens Prior's Park. Aber er selbst war alles andere als schläfrig und schien bemerkenswert hellwach zu sein, mit klugen, hervorstehenden blauen Augen und rotem Haar, das ebenso ordentlich gekämmt war wie sein sehr gepflegtes Kostüm. Letzterer, dessen Name Leonard Crane war, kam direkt aus einem einfachen, fast schon prunkvollen Büro von Bauträgern und Hausmaklern im benachbarten Vorort und sonnte sich am Ende einer neuen Reihe von Häusern aus Holzbauweise mit Plänen in sehr leuchtenden Farben und Hinweisen in sehr großen Buchstaben. Aber ein ernsthafter Beobachter könnte auf den zweiten Blick in seinen Augen etwas von jenem leuchtenden Schlaf gesehen haben, den man Vision nennt; und sein gelbes Haar war zwar nicht besonders lang, aber dennoch ungepflegt. Es war eine offensichtliche, wenn auch melancholische Wahrheit, dass der Architekt ein Künstler war. Aber sein künstlerisches Temperament konnte ihn bei weitem nicht erklären; Es gab noch etwas anderes an ihm, das nicht definierbar war, das manche aber sogar als gefährlich empfanden. Trotz seiner Träumerei überraschte er seine Freunde manchmal mit Kunst und sogar Sport abseits seines gewöhnlichen Lebens, als ob er Erinnerungen an eine frühere Existenz hatte. Bei dieser Gelegenheit beeilte er sich jedoch, jede Autorität über das Hobby des anderen Mannes abzulehnen.

„Ich darf nicht unter falschen Vorwänden auftreten ", sagte er lächelnd. „Ich weiß kaum, was ein Archäologe ist, außer dass ein ziemlich eingerosteter Rest des Griechischen darauf hindeutet, dass er ein Mann ist, der alte Dinge studiert."

„Ja", antwortete Haddow grimmig. „Ein Archäologe ist ein Mann, der alte Dinge untersucht und feststellt, dass sie neu sind."

Crane sah ihn einen Moment lang fest an und lächelte dann wieder.

„Darf man behaupten", sagte er, „dass einige der Dinge, über die wir gesprochen haben, zu den alten Dingen gehören, die sich als nicht alt herausstellen?"

Auch sein Begleiter schwieg einen Moment, und das Lächeln auf seinem rauen Gesicht wurde schwächer, als er leise antwortete:

„Die Mauer rund um den Park ist wirklich alt. Das einzige Tor darin ist gotisch, und ich kann keine Spur von Zerstörung oder Wiederherstellung finden. Aber das Haus und das Anwesen im Allgemeinen – nun, die romantischen Ideen, die in diese Dinge einfließen, sind oft eher junge Liebesromane, Dinge, die fast wie Moderomane aussehen. Allein der Name dieses Ortes, Prior's Park, lässt beispielsweise jeden an eine mondbeschienene mittelalterliche Abtei denken; Ich wage zu behaupten, dass die Spiritualisten inzwischen dort den Geist eines Mönchs entdeckt haben. Aber laut der einzigen maßgeblichen Studie zu diesem Thema, die ich finden kann, wurde der Ort einfach Prior's genannt, so wie jeder ländliche Ort Podger's genannt wird . Es war das Haus eines Herrn Prior, wahrscheinlich ein Bauernhaus, das irgendwann hier stand und ein lokales Wahrzeichen war. Oh, es gibt sehr viele Beispiele für das Gleiche, hier und anderswo. Dieser Vorort von uns war früher ein Dorf, und weil einige der Leute den Namen undeutlich machten und ihn „ Holliwell" aussprachen , schwelgten viele kleinere Dichter in Fantasien über einen Heiligen Brunnen, mit Zaubersprüchen und Feen und allem, was dazu gehörte, der den Vorort erfüllte Salons mit der keltischen Dämmerung. Wohingegen jeder, der mit den Fakten vertraut ist, weiß, dass „ Hollinwall " einfach „das Loch in der Wand" bedeutet und sich wahrscheinlich auf einen recht trivialen Unfall bezog. Das meine ich, wenn ich sage, dass wir nicht so sehr alte Dinge finden, sondern vielmehr neue."

Crane schien angesichts der kleinen Vorlesung über Antiquitäten und Neuheiten etwas unaufmerksam geworden zu sein, und der Grund für seine Unruhe wurde bald offensichtlich und rückte tatsächlich näher. Lord Bulmers Schwester, Juliet Bray, kam langsam über den Rasen, begleitet von einem Herrn und gefolgt von zwei anderen. Der junge Architekt befand sich in einem unlogischen Geisteszustand, in dem er drei vor eins vorzog.

Der Mann, der die Dame begleitete, war kein anderer als der bedeutende Fürst Borodino, der im Sinne der sogenannten Geheimdiplomatie mindestens so berühmt war, wie es ein angesehener Diplomat sein sollte. Er hatte eine Reihe von Besuchen in verschiedenen englischen Landhäusern abgestattet, und was genau er im Prior's Park für die Diplomatie tat, war ein Geheimnis, das sich kein Diplomat nur wünschen konnte. Das Offensichtliche, was man über sein Aussehen sagen konnte, war, dass er äußerst gutaussehend gewesen wäre, wenn er nicht völlig kahl gewesen wäre. Aber das wäre in der Tat eine ziemlich dürftige Formulierung. So fantastisch es auch klingen mag, es wäre besser zu sagen, dass die Leute überrascht gewesen wären, wenn Haare auf ihm gewachsen wären; so überrascht, als hätten sie Haare auf der Büste eines römischen Kaisers gefunden. Seine große Figur war eng anliegend zugeknöpft, was seine potenzielle Masse eher betonte, und er trug eine rote Blume im Knopfloch. Einer der beiden Männer, die hinter ihm hergingen, hatte ebenfalls eine Glatze, aber in einer teilweise eingeschränkten und auch verfrühteren Art, denn sein herabhängender Schnurrbart war immer noch gelb, und wenn seine Augen etwas schwer waren, dann wegen Mattigkeit und nicht wegen des Alters. Es war Horne Fisher, und er redete so locker und müßig über alles wie immer. Sein Begleiter war eine auffälligere und noch finsterere Gestalt, und er hatte die zusätzliche Bedeutung, Lord Bulmers ältester und engster Freund zu sein. Er war allgemein mit strenger Einfachheit als Mr. Brain bekannt; Es wurde jedoch davon ausgegangen, dass er Richter und Polizeibeamter in Indien gewesen war und dass er Feinde hatte, die seine Maßnahmen gegen das Verbrechen als nahezu kriminell dargestellt hatten. Er war ein braunes Skelett eines Mannes mit dunklen, tief eingefallenen Augen und einem schwarzen Schnurrbart, der die Bedeutung seines Mundes verbarg. Obwohl er aussah, als wäre er von einer Tropenkrankheit erschöpft, waren seine Bewegungen viel wacher als die seines faulenzenden Begleiters.

„Es ist alles geklärt“, verkündete die Dame mit großer Lebhaftigkeit, als sie in Rufweite kamen. „Ihr müsst alle Maskeradesachen anziehen und höchstwahrscheinlich auch Schlittschuhe, obwohl der Prinz sagt, dass das nicht dazugehört; aber das interessiert uns nicht. Es ist bereits eiskalt, und so eine Chance bekommen wir in England nicht oft.“

„Selbst in Indien laufen wir nicht das ganze Jahr über Schlittschuh“, bemerkte Mr. Brain.

„Und selbst Italien wird nicht in erster Linie mit Eis in Verbindung gebracht“, sagte der Italiener.

„Italien wird in erster Linie mit Eis in Verbindung gebracht“, bemerkte Herr Horne Fisher. „Ich meine mit Eismännern. Die meisten Menschen in diesem Land stellen sich vor, dass Italien ausschließlich von Eisverkäufern und Drehorgelspielern bevölkert ist. Es gibt sicherlich viele davon; vielleicht handelt es sich um eine getarnte Invasionsarmee.“

„Woher wissen Sie, dass sie nicht die geheimen Abgesandten unserer Diplomatie sind?“ fragte der Prinz mit einem leicht verächtlichen Lächeln. „Eine Armee von Drehorgelspielern könnte Hinweise aufschnappen, und ihre Affen könnten alles Mögliche aufschnappen.“

„Die Organe sind tatsächlich organisiert“, sagte der leichtfertige Herr Fisher. „Nun, ich habe es schon früher in Italien und sogar in Indien oben an den Hängen des Himalaya erlebt. Das Eis auf unserem eigenen kleinen runden Teich wird dagegen recht gemütlich sein.“

Juliet Bray war eine attraktive Dame mit dunklem Haar, dunklen Augenbrauen und tanzenden Augen, und ihre eher herrische Art strahlte eine Genialität und sogar Großzügigkeit aus. In den meisten Angelegenheiten konnte sie ihrem Bruder Befehle erteilen, obwohl dieser Adlige, wie viele andere Männer mit vagen Vorstellungen, nicht ohne einen Anflug von Raufbold war, wenn er in die Enge getrieben wurde. Sie konnte ihre Gäste durchaus beherrschen, selbst die angesehensten und widerstrebendsten von ihnen mit ihrer mittelalterlichen Maskerade ausstatten. Und es schien wirklich, als könnte sie auch die Elemente beherrschen, wie eine Hexe. Denn das Wetter wurde immer härter und schärfer; In dieser Nacht war das Eis des Sees, das im Mondlicht schimmerte, wie ein Marmorboden, und sie hatten begonnen, darauf zu tanzen und Schlittschuh zu laufen, bevor es dunkel wurde.

Prior's Park, oder genauer gesagt der umliegende Bezirk Holinwall , war ein Landsitz, der zu einem Vorort geworden war; Nachdem es einst nur ein abhängiges Dorf vor seinen Toren hatte, fand es nun vor all seinen Toren die Signale der Expansion Londons. Herr Haddow, der sich sowohl in der Bibliothek als auch vor Ort mit historischen Forschungen beschäftigte, konnte bei Letzterem wenig Hilfe finden. Aus den Dokumenten war ihm bereits klar geworden, dass Prior's Park ursprünglich so etwas wie Prior's Farm gewesen war, benannt nach einer örtlichen Persönlichkeit, aber die neuen gesellschaftlichen Bedingungen hinderten ihn alle daran, die Geschichte anhand ihrer Traditionen nachzuzeichnen. Wäre einer der echten Bauern übriggeblieben, hätte er wahrscheinlich eine bleibende Legende von Herrn Prior gefunden, so weit entfernt er auch sein mochte. Aber die neue nomadische Bevölkerung von Angestellten und Handwerkern, die ihre Häuser ständig von einem Vorort in einen anderen oder ihre Kinder von einer Schule zur anderen verlagert, konnte keine Unternehmenskontinuität haben. Sie hatten all die Geschichtsvergessenheit, die mit der Ausweitung der Bildung überall einhergeht.

Doch als er am nächsten Morgen aus der Bibliothek kam und die winterlichen Bäume sah, die wie ein schwarzer Wald um den zugefrorenen Teich standen, hatte er das Gefühl, er könnte durchaus weit in der Tiefe des Landes gewesen sein. Die alte Mauer, die den Park umgab, sorgte dafür, dass die Einzäunung selbst immer noch völlig ländlich und romantisch blieb, und man konnte sich leicht vorstellen, dass die Tiefen dieses dunklen Waldes auf unbestimmte Zeit in fernen Tälern und Hügeln verblassten. Das Grau, Schwarz und Silber des winterlichen Waldes wirkte umso strenger oder düsterer als der Kontrast zu den farbigen Karnevalsgruppen, die bereits auf und um das zugefrorene Teich herum standen. Denn die Hausgesellschaft hatte sich bereits ungeduldig in ihre Kostüme geworfen, und der Anwalt mit seinem gepflegten schwarzen Anzug und den roten Haaren war die einzige moderne Figur unter ihnen.

„Wirst du dich nicht schick machen?" fragte Juliet und schüttelte ihm empört einen gehörnten und hoch aufragenden blauen Kopfschmuck aus dem vierzehnten Jahrhundert entgegen, der ihr Gesicht sehr ansprechend umrahmte, so fantastisch es auch war. „Alle hier müssen im Mittelalter sein. Sogar Mr. Brain hat eine Art braunen Morgenmantel angezogen und sagt, er sei ein Mönch; und Mr. Fisher besorgte sich ein paar alte Kartoffelsäcke in der Küche und nähte sie zusammen; Er soll auch Mönch sein. Was den Prinzen betrifft, so ist er in seinen großen purpurnen Gewändern wie ein Kardinal vollkommen glorreich. Er sieht aus, als könnte er jeden vergiften. Du musst einfach etwas sein."

„Ich werde später am Tag etwas erreichen", antwortete er. „Derzeit bin ich nichts anderes als ein Antiquar und ein Anwalt. Ich muss Ihren Bruder sofort sehen, wegen einiger juristischer Angelegenheiten und auch wegen einiger lokaler Ermittlungen, die er von mir durchführen ließ. Ich muss ein wenig wie ein Verwalter aussehen, wenn ich über meine Verwaltertätigkeit Rechenschaft ablege."

„Oh, aber mein Bruder hat sich schick gemacht!" rief das Mädchen. "Besonders gern. Kein Ende, wenn ich das so sagen darf. Warum er jetzt in all seiner Pracht auf dich losgeht."

Der edle Herr marschierte tatsächlich in einem prächtigen Kostüm aus Purpur und Gold aus dem 16. Jahrhundert auf sie zu, mit einem Schwert mit goldenem Griff und einer Federmütze und dazu passenden Manieren. Tatsächlich war in seinem Erscheinungsbild in diesem Moment etwas mehr als die übliche Weitläufigkeit seiner Körperbewegungen. Es schien sozusagen fast, als wären ihm die Federn an seinem Hut bis zum Kopf gestiegen. Er wedelte mit seinem großen, goldgefütterten Umhang wie die Flügel eines Feenkönigs in einer Pantomime; Er zog sogar schwungvoll sein Schwert und schwenkte es wie seinen Spazierstock. Angesichts der späteren Ereignisse schien dieser Überschwang etwas Ungeheuerliches und Unheilvolles zu haben, etwas von dem Geist, den man Feenwesen nennt. Damals kam es nur ein paar Leute in den Sinn, dass er möglicherweise betrunken sein könnte.

Als er auf seine Schwester zuging, war die erste Gestalt, an der er vorbeikam, Leonard Crane, gekleidet in Lincoln-Grün, mit dem Horn, dem Baldrick und dem Schwert, die Robin Hood angemessen waren; denn er stand der Dame am nächsten, wo man ihn tatsächlich über einen unverhältnismäßig langen Zeitraum hätte finden können. Er hatte eines seiner verborgenen Talente im Eislaufen gezeigt, und nun, da das Eislaufen vorbei war, schien er bereit zu sein, die Partnerschaft zu verlängern. Der ausgelassene Bulmer ging spielerisch mit seinem gezogenen Schwert auf ihn zu, machte einen Ausfallschritt in der richtigen Fechtmanier und machte ein etwas zu bekanntes Shakespeare-Zitat über ein Nagetier und eine venezianische Münze.

Wahrscheinlich herrschte gerade auch in Crane eine gedämpfte Aufregung; Jedenfalls hatte er mit einem Schlag sein eigenes Schwert gezogen und pariert; und dann plötzlich, zur Überraschung aller, schien Bulmers Waffe aus seiner Hand in die Luft zu springen und auf dem klingenden Eis davonzurollen.

"Nun, ich nie!" sagte die Dame wie mit berechtigter Empörung. „Du hast mir nie gesagt, dass du auch fechten kannst.“

Bulmer hob sein Schwert mit einer Miene, die eher verwirrt als verärgert war, was den Eindruck von etwas Unverantwortlichem in seiner momentanen Stimmung verstärkte; dann wandte er sich ziemlich abrupt an seinen Anwalt und sagte:

„Nach dem Abendessen können wir uns über das Anwesen einigen; Ich habe fast das gesamte Eislaufen verpasst und bezweifle, dass das Eis bis morgen Abend halten wird. Ich denke, ich werde früh aufstehen und alleine eine Runde drehen.“

„Sie werden durch meine Gesellschaft nicht gestört“, sagte Horne Fisher auf seine müde Art. „Wenn ich den Tag nach amerikanischer Art mit Eis beginnen muss, bevorzuge ich es in kleineren Mengen. Aber im Dezember gibt es für mich keine frühen Morgenstunden. Der frühe Vogel erkältet sich.“

„Oh, ich werde nicht an einer Erkältung sterben“, antwortete Bulmer und lachte.

* * *

Eine beträchtliche Gruppe der Eislaufgruppe bestand aus Gästen, die im Haus wohnten, und der Rest hatte sich zu zweit oder zu dritt aufgelöst, einige Zeit bevor sich die meisten Gäste für die Nacht zurückzogen. Nachbarn, die bei solchen Gelegenheiten immer in den Prior's Park eingeladen wurden, kehrten mit dem Auto oder zu Fuß zu ihren eigenen Häusern zurück; Der Anwalt und Archäologe war mit einem verspäteten Zug zum Inns of Court zurückgekehrt, um ein Papier zu holen, das er während seiner Beratung mit seinem Mandanten angefordert hatte. und die meisten anderen Gäste schlenderten und verweilten in verschiedenen Stadien auf dem Weg ins Bett. Horne Fisher hatte sich als erster in sein Zimmer zurückgezogen, als wollte er sich jeder Entschuldigung für seine Weigerung, früh aufzustehen, entziehen; aber so schläfrig er auch aussah, konnte er nicht schlafen. Er hatte das Buch über antiquarische Topographie von einem Tisch genommen, in dem Haddow seine ersten Hinweise auf die Herkunft des Ortsnamens gefunden hatte, und begann zu lesen, da er ein Mann mit einer ruhigen und seltsamen Fähigkeit war, sich für alles zu interessieren Er las es stetig und machte sich hin und wieder Notizen zu Details, die seine vorherige Lektüre bei ihm gewisse Zweifel an seinen gegenwärtigen Schlussfolgerungen aufkommen ließen. Sein Zimmer lag am nächsten zum See mitten im Wald und war daher das ruhigste, und keines der letzten Echos der Feierlichkeiten des Abends konnte ihn erreichen. Er hatte das Argument, das die Abstammung von Mr. Priors Hof und dem Loch in der Mauer begründete, sorgfältig verfolgt und sich von jeglicher Modeerscheinung über Mönche und Zauberbrunnen verabschiedet, als ihm ein Geräusch bewusst wurde, das in der gefrorenen Stille des Anwesens hörbar war Nacht. Es war kein besonders lautes Geräusch, aber es schien aus einer Reihe von Schlägen oder schweren Schlägen zu bestehen, wie sie ein Mann, der eintreten will, gegen eine Holztür schlagen könnte. Darauf folgte so etwas wie ein leises Knarren oder Knacken, als ob das Hindernis entweder geöffnet worden wäre oder nachgegeben hätte. Er öffnete seine eigene Schlafzimmertür und lauschte, aber da er überall in den unteren Stockwerken Gespräche und Gelächter hörte, hatte er keinen Grund zu befürchten, dass eine Vorladung vernachlässigt oder das Haus ohne Schutz verlassen würde. Er ging zu seinem offenen Fenster, blickte auf den zugefrorenen Teich und die vom Mond erleuchtete Statue inmitten ihres Kreises aus dunklen Wäldern und lauschte noch einmal. Aber an diesem stillen Ort war wieder Stille eingekehrt, und nachdem er eine ganze Weile seine Ohren angestrengt hatte, konnte er nichts weiter hören als das einsame Heulen eines in der Ferne abfahrenden Zuges. Dann erinnerte er sich daran, wie viele namenlose Geräusche der Wache auch in der ganz gewöhnlichen Nacht hören kann, und zuckte mit den Schultern und ging müde zu Bett.

Er erwachte plötzlich und setzte sich im Bett auf, seine Ohren waren erfüllt von Donnergrollen und dem pochenden Echo eines zerreißenden Schreis. Er blieb einen Moment lang steif, dann sprang er aus dem Bett und warf das lockere Sackleinengewand über, das er den ganzen Tag getragen hatte. Er ging zuerst zum Fenster, das offen, aber mit einem dicken Vorhang bedeckt war, so dass sein Zimmer noch völlig dunkel war; aber als er den Vorhang beiseite warf und den Kopf herausstreckte, sah er, dass hinter den schwarzen Wäldern, die den kleinen See umgaben, bereits ein grauer und silberner Tagesanbruch aufgetaucht war, und das war alles, was er sah. Obwohl das Geräusch sicherlich aus dieser Richtung durch das offene Fenster hereingekommen war, war die ganze Szene im Morgenlicht wie im Mondlicht still und leer. Dann packte die lange, eher träge Hand, die er auf ein Fensterbrett gelegt hatte, sie fester, als wollte er ein Zittern unterdrücken, und seine spähenden blauen Augen wurden vor Angst düster. Es mag scheinen, dass seine Emotionen übertrieben und unnötig waren, wenn man bedenkt, wie sehr er sich mit gesundem Menschenverstand bemüht hatte, seine Nervosität wegen des Lärms in der vergangenen Nacht zu überwinden. Aber das war ein ganz anderer Lärm gewesen. Es könnte durch ein halbes Hundert Dinge entstanden sein, vom Hacken von Holz bis zum Zerbrechen von Flaschen. Es gab nur ein Ding in der Natur, von dem das Geräusch stammen konnte, das bei Tagesanbruch durch das dunkle Haus hallte. Es war die schreckliche, artikulierte Stimme des Menschen; und es war etwas Schlimmeres, denn er wusste, was für ein Mann.

Er wusste auch, dass es ein Hilferuf gewesen war. Es kam ihm vor, als hätte er genau das Wort gehört; aber das Wort, so kurz es auch war, war verschluckt worden, als wäre der Mann schon beim Sprechen erstickt oder weggerissen worden. Nur der spöttische Nachhall davon blieb ihm noch im Gedächtnis, aber er zweifelte nicht an der Originalstimme. Er hatte keinen Zweifel daran, dass die große Stierstimme von Francis Bray, Baron Bulmer, zum letzten Mal zwischen der Dunkelheit und dem anbrechenden Morgengrauen gehört worden war.

Wie lange er dort stand, wusste er nie, aber das erste Lebewesen, das er in dieser halb gefrorenen Landschaft regnen sah, erweckte ihn zum Leben. Entlang des Weges neben dem See und direkt unter seinem Fenster ging eine Gestalt langsam und sanft, aber mit großer Gelassenheit – eine stattliche Gestalt in prächtigen scharlachroten Gewändern; es war der italienische Prinz, immer noch im Kardinalskostüm. Tatsächlich hatte der Großteil der Gesellschaft die letzten ein oder zwei Tage in ihren Kostümen gelebt, und Fisher selbst hatte sein Sackleinenkleid als bequemen Morgenmantel angenommen; Dennoch schien dieser prächtige rote Kakadu etwas ungewöhnlich Fertiges und Förmliches an sich zu haben, im Sinne eines Frühaufstehers. Es war, als ob der Frühaufsteher die ganze Nacht wach gewesen wäre.

"Was ist los?" rief er scharf und lehnte sich aus dem Fenster, und der Italiener hob sein großes gelbes Gesicht wie eine Maske aus Messing.

„Wir sollten es besser unten besprechen", sagte Prinz Borodino.

Fisher rannte die Treppe hinunter und traf auf die große, rotgekleidete Gestalt, die durch die Tür hereinkam und mit ihrer massigen Gestalt den Eingang versperrte.

„Hast du diesen Schrei gehört?" forderte Fisher.

„Ich habe ein Geräusch gehört und bin herausgekommen", antwortete der Diplomat, und sein Gesicht war im Schatten zu dunkel, als dass man seinen Gesichtsausdruck hätte erkennen können.

„Es war Bulmers Stimme", betonte Fisher. „Ich schwöre, es war Bulmers Stimme."

„Haben Sie ihn gut gekannt?" fragte der andere.

Die Frage schien irrelevant, obwohl sie nicht unlogisch war, und Fisher konnte nur wahllos antworten, dass er Lord Bulmer nur wenig kannte.

„Niemand scheint ihn gut gekannt zu haben", fuhr der Italiener ruhig fort. „Niemand außer diesem Mann Brain. Brain ist etwas älter als Bulmer, aber ich vermute, dass sie viele Geheimnisse miteinander teilten."

Fisher bewegte sich abrupt, als würde er aus einer vorübergehenden Trance erwachen, und sagte mit neuer und energischerer Stimme: „Aber schauen Sie mal, sollten wir nicht besser nach draußen gehen und sehen, ob etwas passiert ist."

„Das Eis scheint zu tauen", sagte der andere fast gleichgültig.

Als sie das Haus verließen, deuteten dunkle Flecken und Sterne auf dem grauen Eisfeld tatsächlich darauf hin, dass der Frost aufbrechen würde, wie ihr Gastgeber es am Tag zuvor prophezeit hatte, und die bloße Erinnerung an gestern brachte das Geheimnis von heute zurück .

„Er wusste, dass es Tauwetter geben würde", bemerkte der Prinz. „Er ist absichtlich ziemlich früh zum Skaten gegangen. Glaubst du, er hat gerufen, weil er im Wasser gelandet ist?"

Fisher sah verwirrt aus. „Bulmer war der letzte Mann, der so brüllte, weil seine Stiefel nass waren. Und das ist alles, was er hier tun konnte; Das Wasser würde einem Mann seiner Größe kaum bis zur Wade reichen. Wie durch eine dünne Glasscheibe sieht man die flachen Gräser auf dem Seeboden. Nein, wenn Bulmer nur das Eis gebrochen hätte, hätte er im Moment nicht viel gesagt, im Nachhinein jedoch möglicherweise viel. Wir hätten ihn dabei erwischen sollen, wie er diesen Weg auf und ab stampfte und verdammte und nach sauberen Stiefeln rief."

„Hoffen wir, dass wir ihn glücklich finden", bemerkte der Diplomat. „Dann muss die Stimme aus dem Wald gekommen sein."

„Ich schwöre, es ist nicht aus dem Haus gekommen", sagte Fisher; und die beiden verschwanden gemeinsam im Zwielicht der winterlichen Bäume.

Die Plantage hob sich dunkel von den feurigen Farben des Sonnenaufgangs ab, ein schwarzer Saum mit jenem federartigen Aussehen, das Bäume, wenn sie kahl sind, genau das Gegenteil von rau erscheinen lässt. Stunden um Stunden später, als sich derselbe dichte, aber zarte Rand dunkel vor den grünlichen Farben gegenüber dem Sonnenuntergang abhob, war die so bei Sonnenaufgang begonnene Suche noch nicht zu Ende. In aufeinanderfolgenden Schritten und bei langsam zusammenkommenden Gruppen der Kompanie wurde deutlich, dass die außergewöhnlichste aller

Lücken in der Partei aufgetaucht war; Die Gäste konnten nirgends eine Spur ihres Gastgebers finden. Die Diener berichteten, dass in seinem Bett geschlafen worden sei und dass seine Schlittschuhe und sein schickes Kostüm verschwunden seien, als wäre er zu dem Zweck, den er selbst erklärt hatte, früh aufgestanden. Aber von der Spitze des Hauses bis zum Boden, von den Mauern rund um den Park bis zum Teich in der Mitte gab es keine Spur von Lord Bulmer, weder tot noch lebendig. Horne Fisher erkannte, dass ihn eine gruselige Vorahnung bereits daran gehindert hatte, den Mann lebend vorzufinden. Aber seine kahle Stirn war wegen eines völlig neuen und unnatürlichen Problems gerunzelt, nämlich weil er den Mann überhaupt nicht gefunden hatte.

Er dachte über die Möglichkeit nach, dass Bulmer aus irgendeinem Grund aus eigenem Antrieb verschwunden sein könnte; aber nachdem er es gründlich abgewogen hatte, verwarf er es schließlich. Es widersprach der unverkennbaren Stimme, die man bei Tagesanbruch hörte, und vielen anderen praktischen Hindernissen. Es gab nur ein Tor in der alten und hohen Mauer, die den kleinen Park umgab; Der Hüttenwirt hielt es bis spät in den Morgen verschlossen, und der Hüttenwirt hatte niemanden vorbeikommen sehen. Fisher war sich ziemlich sicher, dass er ein mathematisches Problem in einem geschlossenen Raum vor sich hatte . Sein Instinkt war von Anfang an so auf die Tragödie eingestellt gewesen, dass es für ihn fast eine Erleichterung gewesen wäre, die Leiche zu finden. Er wäre betrübt, aber nicht entsetzt gewesen, wenn er auf den Körper des Adligen gekommen wäre, der wie an einem Galgen an einem seiner eigenen Bäume baumelte oder wie ein blasses Unkraut in seinem eigenen Teich schwamm. Was ihn entsetzte, war, nichts zu finden.

Bald wurde ihm bewusst, dass er selbst bei seinen individuellsten und isoliertesten Experimenten nicht allein war. Er fand oft eine Gestalt, die ihm wie sein Schatten folgte, auf stillen und fast geheimen Lichtungen in der Plantage oder in abgelegenen Ecken und Winkeln der alten Mauer. Der Mund mit dem dunklen Schnurrbart war ebenso stumm wie die tiefen, beweglichen Augen und huschte unaufhörlich hin und her, aber es war klar, dass Brain von der indischen Polizei die Spur aufgenommen hatte wie ein alter Jäger, der einen Tiger jagte. Angesichts der Tatsache, dass er der einzige persönliche Freund des verschwundenen Mannes war, schien dies nur natürlich, und Fisher beschloss, offen mit ihm umzugehen.

„Dieses Schweigen ist eher eine soziale Belastung", sagte er. „Darf ich das Eis brechen, indem ich über das Wetter spreche? – das übrigens das Eis bereits gebrochen hat. Ich weiß, dass das Brechen des Eises in diesem Fall eine ziemlich melancholische Metapher sein könnte."

„Das glaube ich nicht", antwortete Brain knapp. „Ich glaube nicht, dass das Eis viel damit zu tun hat. Ich wüsste nicht, wie das gehen könnte."

„Was würden Sie vorschlagen?" fragte Fisher.

„Na ja, wir haben natürlich nach den Behörden geschickt, aber ich hoffe, etwas herauszufinden, bevor sie kommen", antwortete der Anglo-Inder. „Ich kann nicht sagen, dass ich viel Hoffnung in die Polizeimethoden in diesem Land setze. Zu viel Bürokratie, Habeas Corpus und so etwas. Was wir wollen, ist, dass niemand davonläuft; Das Beste, was wir erreichen könnten, wäre, die Kompanie einzusammeln und sie sozusagen zu zählen. In letzter Zeit ist niemand weg, außer dem Anwalt, der nach Antiquitäten stöberte."

„Oh, er ist raus; „Er ist letzte Nacht gegangen", antwortete der andere. „Acht Stunden nachdem Bulmers Chauffeur seinen Anwalt am Zug abgesetzt hatte , hörte ich Bulmers eigene Stimme so deutlich, wie ich jetzt deine höre."

„Ich nehme an, Sie glauben nicht an Geister?" sagte der Mann aus Indien. Nach einer Pause fügte er hinzu: „Ich möchte noch jemanden finden, bevor wir uns auf die Suche nach einem Burschen mit einem Alibi im Inneren Tempel machen. Was ist aus dem Kerl in Grün geworden, dem als Förster verkleideten Architekten? Ich habe ihn nicht gesehen ."

Mr. Brain gelang es, vor dem Eintreffen der Polizei seine Versammlung der gesamten abgelenkten Gesellschaft zu sichern. Doch als er zum ersten Mal begann, sich noch einmal über die Verzögerung des Auftritts des jungen Architekten zu äußern, sah er sich mit einem kleinen Mysterium und einer psychologischen Entwicklung völlig unerwarteter Art konfrontiert.

Juliet Bray hatte der Katastrophe des Verschwindens ihres Bruders mit einem düsteren Stoizismus begegnet, in dem vielleicht mehr Lähmung als Schmerz lag; Aber als die andere Frage an die Oberfläche kam , war sie sowohl aufgeregt als auch wütend.

„Wir wollen über niemanden voreilige Schlüsse ziehen", sagte Brain in seinem Stakkato-Stil. „Aber wir würden gerne etwas mehr über Mr. Crane erfahren. Niemand scheint viel über ihn zu wissen oder woher er kommt. Und es scheint eine Art Zufall zu sein, dass er sich gestern tatsächlich mit dem armen Bulmer gestritten hat und ihn auch hätte feststecken können, da er sich als der bessere Schwertkämpfer erwiesen hat. Natürlich kann es sich dabei um einen Unfall handeln, und es kann unmöglich sein, irgendjemanden zu beschuldigen; Aber dann haben wir nicht die Mittel, um gegen irgendjemanden eine echte Anklage zu erheben. Bis die Polizei kommt, sind wir nur ein Rudel sehr amateurhafter Detektive."

„Und ich denke, du bist ein Haufen Snobs", sagte Juliet. „Weil Mr. Crane ein Genie ist, das seinen eigenen Weg gegangen ist, versuchen Sie, ihn als Mörder zu bezeichnen, ohne es zu sagen. Weil er ein Spielzeugschwert trug und zufällig wusste, wie man es benutzt, wollen Sie uns glauben machen, dass er es wie ein blutrünstiger Wahnsinniger ohne Grund in der Welt benutzt hat. Und weil er meinen Bruder hätte schlagen können und es nicht tat, schließen Sie daraus, dass er es getan hat. So argumentieren Sie. Und was sein Verschwinden betrifft, da liegen Sie wie in allem anderen falsch, denn hier kommt er."

Und tatsächlich löste sich die grüne Gestalt des fiktiven Robin Hood langsam vom grauen Hintergrund der Bäume und kam auf sie zu, während sie sprach.

Er näherte sich der Gruppe langsam, aber mit Gelassenheit; aber er war ausgesprochen blass, und die Augen von Brain und Fisher hatten bereits ein Detail der grün gekleideten Gestalt deutlicher erfasst als alle anderen. Das Horn schwang noch immer an seinem Schwert, aber das Schwert war verschwunden.

Eher zur Überraschung des Unternehmens ging Brain der so vorgeschlagenen Frage nicht nach; aber während er die Miene behielt, die Untersuchung zu leiten, hatte er auch den Anschein, als würde er das Thema wechseln.

„Jetzt sind wir alle versammelt", bemerkte er ruhig, „ich möchte zunächst eine Frage stellen. Hat irgendjemand hier heute Morgen tatsächlich Lord Bulmer gesehen?"

Leonard Crane drehte sein blasses Gesicht um den Kreis der Gesichter herum, bis er zu Julias Haus kam; dann presste er die Lippen ein wenig zusammen und sagte:

„Ja, ich habe ihn gesehen."

„War er gesund und munter?" fragte Brain schnell. „Wie war er gekleidet?"

„Er schien außerordentlich gut zu sein", antwortete Crane mit einem merkwürdigen Tonfall. „Er war gekleidet wie gestern, in diesem violetten Kostüm, das dem Porträt seines Vorfahren aus dem 16. Jahrhundert nachempfunden war. Er hatte seine Schlittschuhe in der Hand."

„Und sein Schwert an seiner Seite, nehme ich an", fügte der Fragesteller hinzu. „Wo ist Ihr eigenes Schwert, Mr. Crane?"

"Ich habe es weggeschmissen."

In der einzigartigen Stille, die darauf folgte, verwandelte sich der Gedankengang in vielen Köpfen unwillkürlich in eine Reihe farbiger Bilder.

Sie hatten sich daran gewöhnt, dass ihre fantasievollen Gewänder vor dem dunkelgrauen und streifigen Silber des Waldes fröhlicher und prächtiger aussahen, so dass die sich bewegenden Figuren wie wandelnde Buntglas-Heilige leuchteten. Der Effekt war umso passender, weil so viele von ihnen päpstliche oder klösterliche Trachten parodierten. Aber die fesselndste Einstellung, die ihnen in Erinnerung geblieben war, war alles andere als nur klösterlicher Natur; die des Augenblicks, als die Gestalt in leuchtendem Grün und die andere in leuchtendem Violett für einen Moment ein silbernes Kreuz aus ihren gekreuzten Schwertern gemacht hatten. Selbst wenn es ein Scherz war, war es so etwas wie ein Drama gewesen; und es war ein seltsamer und unheimlicher Gedanke, dass sich im grauen Tagesanbruch dieselben Figuren in derselben Haltung wie eine Tragödie wiederholt hätten.

„Hast du mit ihm gestritten?" fragte Brain plötzlich.

„Ja", antwortete der unbewegliche Mann in Grün. „Oder er hat sich mit mir gestritten."

„Warum hat er sich mit dir gestritten?" fragte den Ermittler; und Leonard Crane gab keine Antwort.

Merkwürdigerweise hatte Horne Fisher diesem entscheidenden Kreuzverhör nur die Hälfte seiner Aufmerksamkeit gewidmet. Seine Augen unter den schweren Lidern waren träge der Gestalt des Fürsten Borodino gefolgt, der zu diesem Zeitpunkt zum Waldrand geschlendert war; und war nach einer Meditationspause in der Dunkelheit der Bäume verschwunden.

Er wurde aus seiner Bedeutungslosigkeit durch die Stimme von Juliet Bray zurückgerufen, die mit einem völlig neuen Ton der Entscheidung erklang:

„Wenn das die Schwierigkeit ist, sollte man sie am besten klären. Ich bin mit Mr. Crane verlobt, und als wir es meinem Bruder sagten, war er damit nicht einverstanden; das ist alles."

Weder Brain noch Fisher zeigten irgendeine Überraschung, doch Ersterer fügte leise hinzu:

„Außer, ich nehme an, dass er und Ihr Bruder in den Wald gegangen sind, um darüber zu diskutieren, wo Mr. Crane sein Schwert verloren hat, ganz zu schweigen von seinem Begleiter."

„Und darf ich fragen", fragte Crane, wobei ein gewisser Anflug von Spott über seine blassen Gesichtszüge huschte, „was ich mit einem von ihnen gemacht haben soll? Nehmen wir die heitere These an, dass ich ein Mörder bin; Es muss noch bewiesen werden, dass ich ein Zauberer bin. Wenn ich deinen unglücklichen Freund durch die Leiche geführt habe, was habe ich dann mit der Leiche gemacht? Habe ich es von sieben fliegenden Drachen wegtragen lassen, oder war es nur eine Kleinigkeit, es in eine milchweiße Hirschkuh zu verwandeln?"

„Es ist kein Anlass zum Spott", sagte der anglo-indische Richter mit schroffer Autorität. „Es sieht für Sie nicht besser aus, dass Sie über den Verlust scherzen können."

Fishers verträumtes und sogar trostloses Auge war immer noch auf den Waldrand dahinter gerichtet, und er wurde sich bewusst, wie dunkle Massen wie eine stürmische Sonnenuntergangswolke durch das graue Netzwerk der dünnen Bäume schimmerten, und der Prinz in seinem Kardinalskostüm Roben tauchten wieder auf dem Weg auf. Brain hatte halb geglaubt, dass der Prinz sich auf die Suche nach dem verlorenen Rapier gemacht haben könnte. Doch als er wieder auftauchte , trug er in seiner Hand kein Schwert, sondern eine Axt.

Die Diskrepanz zwischen der Maskerade und dem Mysterium hatte eine seltsame psychologische Atmosphäre geschaffen. Anfangs hatten sie sich alle furchtbar geschämt, weil sie bei einem Ereignis, das nur allzu sehr den Charakter einer Beerdigung hatte, in die törichte Verkleidung eines Festes geraten waren. Viele von ihnen wären bereits zurückgekehrt und hätten sich eher düsterere oder zumindest formellere Kleidung angezogen. Aber irgendwie wirkte dies im Moment wie eine zweite Maskerade, künstlicher und frivoler als die erste. Und während sie sich mit ihrem lächerlichen Drum und Dran abfinden, war bei einigen von ihnen ein merkwürdiges Gefühl übergekommen, vor allem bei den Sensibleren wie Crane, Fisher und Juliet, aber in gewissem Maße auch bei allen außer dem praktisch veranlagten Mr. Brain. Es war fast so, als wären sie die Geister ihrer eigenen Vorfahren, die diesen dunklen Wald und den düsteren See heimsuchten und eine alte Rolle spielten, an die sie sich nur halb erinnerten. Die Bewegungen dieser farbigen Figuren schienen etwas zu bedeuten, das schon lange vorher festgelegt worden war, wie eine stille Heraldik. Handlungen, Haltungen, äußere Gegenstände wurden auch ohne Schlüssel als Allegorie akzeptiert; und sie wussten, wann eine Krise gekommen war, wenn sie nicht wussten, was es war. Und irgendwie wussten sie unbewusst, dass die ganze Geschichte eine neue und schreckliche Wendung genommen hatte, als sie den Prinzen in der Lücke der dürren Bäume stehen sahen, in seinen Gewändern aus zornigem Purpur und mit gesenktem Gesicht aus Bronze, in der Hand hielt er ein neue Form des Todes. Einen Grund konnten sie nicht nennen, aber die beiden Schwerter schienen tatsächlich zu Spielzeugschwertern geworden zu sein und die ganze Geschichte davon, dass sie zerbrochen und wie ein Spielzeug weggeworfen wurden. Borodino sah aus wie die Alte Welt Henker, in schreckliches Rot gekleidet und mit der Axt zur Hinrichtung des Verbrechers. Und der Verbrecher war nicht Crane.

Mr. Brain von der indischen Polizei starrte das neue Objekt wütend an, und es dauerte ein oder zwei Momente, bis er schroff und fast heiser sprach.

„Was machst du damit?" er hat gefragt. „Scheint ein Holzhacker zu sein."

„Eine natürliche Assoziation von Ideen", bemerkte Horne Fisher. „Wenn man einer Katze in einem Wald begegnet, denkt man, dass es sich um eine Wildkatze handelt, auch wenn sie vielleicht gerade erst vom Sofa im Wohnzimmer spaziert ist. Tatsächlich weiß ich zufällig, dass das nicht der Häcksler des Holzfällers ist. Es ist der Küchenhacker oder die Fleischaxt oder so etwas in der Art, den jemand in den Wald geworfen hat. Ich habe es selbst in der Küche gesehen, als ich die Kartoffelsäcke holte, mit denen ich einen mittelalterlichen Einsiedler nachbildete."

„Trotzdem ist es nicht ohne Interesse", bemerkte der Prinz und hielt Fisher das Instrument hin, der es nahm und sorgfältig untersuchte. „Ein Metzgerbeil, das Metzgerarbeit erledigt hat."

„Es war sicherlich das Instrument des Verbrechens", stimmte Fisher mit leiser Stimme zu.

Brain starrte mit grimmigen und faszinierten Augen auf den matten blauen Schimmer des Axtkopfes. „Ich verstehe dich nicht", sagte er. „Es gibt keine – es sind keine Markierungen darauf."

„Es hat kein Blut vergossen", antwortete Fisher, „aber trotzdem hat es ein Verbrechen begangen." Dies entspricht dem Ausmaß, in dem der Verbrecher dem Verbrechen nahe gekommen ist, als er es begangen hat."

"Wie meinst du das?"

„Er war nicht da, als er es tat", erklärte Fisher. „Es ist ein armer Mörder, der keine Menschen ermorden kann, wenn er nicht da ist."

„Sie scheinen nur aus Gründen der Mystifizierung zu reden", sagte Brain. „Wenn Sie praktische Ratschläge geben möchten, können Sie diese auch verständlich machen."

„Der einzige praktische Rat, den ich vorschlagen kann", sagte Fisher nachdenklich, „ist eine kleine Recherche über die lokale Topographie und Nomenklatur. Es heißt, dass es in dieser Nachbarschaft einmal einen Herrn Prior gab, der einen Bauernhof hatte. Ich denke, einige Details über das häusliche Leben des verstorbenen Mr. Prior würden Licht auf diese schreckliche Angelegenheit werfen."

„Und Sie haben nichts Unmittelbareres als Ihre Topographie zu bieten", sagte Brain höhnisch, „um mir zu helfen, meinen Freund zu rächen?"

„Nun", sagte Fisher, „ich sollte die Wahrheit über das Loch in der Mauer herausfinden."

* * *

In dieser Nacht, am Ende einer stürmischen Dämmerung und unter einem starken Westwind, der dem Brechen des Frosts folgte, schritt Leonard Crane in wilden Kreisbewegungen immer wieder um die hohe, durchgehende Mauer herum, die das kleine Wäldchen umgab . Ihn trieb der verzweifelte Gedanke, das Rätsel, das seinen Ruf getrübt und bereits seine Freiheit bedroht hatte, selbst zu lösen. Die für die Ermittlungen zuständigen Polizeibehörden hatten ihn nicht festgenommen, aber er wusste genau, dass er sofort verhaftet werden würde, wenn er versuchen würde, weiter wegzuziehen . Horne Fishers fragmentarische Hinweise hatten, obwohl er sich bisher geweigert hatte, sie zu erweitern, das künstlerische Temperament des Architekten zu einer Art wilder Analyse angeregt, und er war entschlossen, die Hieroglyphe verkehrt herum und in jeder Hinsicht zu lesen, bis sie einen Sinn ergab. Wenn es etwas mit einem Loch in der Wand zu tun hätte , würde er das Loch in der Wand finden; aber tatsächlich konnte er nicht den geringsten Riss in der Wand finden. Sein Fachwissen verriet ihm, dass es sich bei dem Mauerwerk ausschließlich um ein und dasselbe Bauwerk handelte, und außer dem regulären Eingang, der kein Licht auf das Geheimnis brachte, fand er nichts, was auf ein Versteck oder einen Fluchtweg hindeutete. Wir gingen einen schmalen Pfad zwischen der gewundenen Mauer und der wilden Ostkurve der grauen und gefiederten Bäume entlang und sahen die wechselnden Schimmer eines verlorenen Sonnenuntergangs, die fast wie Blitze blinkten, während die Sturmwolken über den Himmel zogen und sich mit dem ersten schwachen blauen Licht vermischten Von einem langsam stärker werdenden Mond hinter ihm aus spürte er, wie sich sein Kopf drehte, während seine Fersen immer wieder die blinde, wiederkehrende Barriere umrundeten. Er hatte Gedanken an der Grenze des Denkens; Fantasien über eine vierte Dimension, die selbst ein Loch war, um alles zu verbergen, alles aus einem neuen Blickwinkel, aus einem neuen Fenster in den Sinnen zu sehen; oder von einem mystischen Licht und einer mystischen Transparenz, wie die neuen Strahlen der Chemie, in denen er Bulmers Körper sehen konnte, schrecklich und grell, wie er in einem grellen Heiligenschein über dem Wald und der Mauer schwebte. Ihn verfolgte auch der irgendwie ebenso schreckliche Hinweis, dass alles etwas mit Mr. Prior zu tun hatte. Es schien sogar etwas Unheimliches in der Tatsache zu liegen, dass man ihn stets respektvoll als „Mr. Prior" bezeichnete und dass man ihm aufgetragen hatte, im häuslichen Leben des toten Bauern nach dem Samen dieser schrecklichen Dinge zu suchen. Tatsächlich hatte er herausgefunden, dass keinerlei Erkundigungen vor Ort irgendetwas über die Familie Prior ergeben hatten.

Das Mondlicht war breiter und heller geworden, der Wind hatte die Wolken vertrieben und ließ unruhig nach, als er wieder zu dem künstlichen See vor dem Haus kam. Aus irgendeinem Grund sah es wie ein sehr künstlicher See aus; tatsächlich war die ganze Szene wie eine klassische Landschaft mit einem Hauch Watteau; Die palladianische Fassade des Hauses leuchtet blass im Mondlicht, und das gleiche Silber berührt die sehr heidnische und nackte Marmornymphe in der Mitte des Teiches. Zu seiner Überraschung fand er dort neben der Statue eine weitere Gestalt, die fast ebenso regungslos saß; und derselbe Silberstift zeichnete die faltige Stirn und das geduldige Gesicht von Horne Fisher nach, der immer noch als Einsiedler gekleidet war und offenbar etwas von der Einsamkeit eines Einsiedlers übte. Dennoch blickte er zu Leonard Crane auf und lächelte, fast als hätte er ihn erwartet.

„Sehen Sie“, sagte Crane und baute sich vor ihm auf, „können Sie mir etwas über dieses Geschäft erzählen?“

„Ich werde bald allen alles darüber erzählen müssen“, antwortete Fisher, „aber ich habe nichts dagegen, Ihnen zuerst etwas zu erzählen.“ Aber würden Sie mir zunächst einmal etwas sagen? Was ist wirklich passiert, als Sie Bulmer heute Morgen getroffen haben? Du hast dein Schwert weggeworfen, aber du hast ihn nicht getötet.“

„Ich habe ihn nicht getötet, weil ich mein Schwert weggeworfen habe“, sagte der andere. „Ich habe es mit Absicht getan – oder ich bin mir nicht sicher, was passiert sein könnte.“

Nach einer Pause fuhr er leise fort: „Der verstorbene Lord Bulmer war ein sehr lebhafter Gentleman, äußerst lebhaft. Er war sehr freundlich zu seinen Untergebenen und ließ seinen Anwalt und seinen Architekten für alle möglichen Ferien und Vergnügungen in seinem Haus wohnen. Aber es gab noch eine andere Seite an ihm, die sie herausfanden, als sie versuchten, ihm ebenbürtig zu sein. Als ich ihm erzählte, dass seine Schwester und ich verlobt waren, passierte etwas, das ich einfach nicht beschreiben kann und will. Es kam mir wie ein monströser Aufruhr des Wahnsinns vor. Aber ich denke, die Wahrheit ist schmerzlich einfach. Es gibt so etwas wie die Grobheit eines Gentleman. Und es ist das Schrecklichste in der Menschheit.“

„Ich weiß“, sagte Fisher. „Die Renaissance-Adligen der Tudor-Zeit waren so.“

„Es ist seltsam, dass Sie das sagen“, fuhr Crane fort. „Während wir uns unterhielten, überkam mich das merkwürdige Gefühl, dass wir eine Szene aus der Vergangenheit wiederholten und dass ich wirklich ein Gesetzloser war, den man wie Robin Hood im Wald fand, und dass er wirklich in all seinen Federn getreten war Lila aus dem Bilderrahmen des Ahnenporträts.

Jedenfalls war er der Mann im Besitz, und er fürchtete weder Gott noch respektierte er die Menschen. Ich widersetzte mich ihm natürlich und ging weg. Ich hätte ihn vielleicht wirklich getötet, wenn ich nicht weggegangen wäre."

„Ja", sagte Fisher und nickte, „sein Vorfahre war im Besitz und er war im Besitz, und das ist das Ende der Geschichte." Es passt alles."

„Passt wozu?" rief sein Begleiter mit plötzlicher Ungeduld. „Ich kann mir keinen Reim darauf machen. Du sagst mir, ich solle das Geheimnis im Loch in der Wand suchen, aber ich kann kein Loch in der Wand finden."

„Es gibt keine", sagte Fisher. „Das ist das Geheimnis." Nachdem er einen Moment nachgedacht hatte, fügte er hinzu: „Es sei denn, man nennt es ein Loch in der Wand der Welt." Schau hier; Ich erzähle es Ihnen, wenn Sie möchten, aber ich fürchte, es erfordert eine Einführung. Sie müssen einen der Tricks des modernen Geistes verstehen, eine Tendenz, der die meisten Menschen gehorchen, ohne es zu merken. Im Dorf oder Vorort gibt es ein Gasthaus mit dem Schild „St. Georg und der Drache". Angenommen, ich würde allen erzählen, dass dies nur eine Verfälschung von König George und dem Dragoner sei. Unzählige Menschen würden es glauben, ohne es zu hinterfragen, aus dem vagen Gefühl heraus, es sei wahrscheinlich, weil es prosaisch ist. Es verwandelt etwas Romantisches und Legendäres in etwas Aktuelles und Gewöhnliches. Und das lässt es irgendwie rational klingen, obwohl es nicht durch Vernunft gestützt wird. Natürlich hätten einige Leute genug Verstand, sich daran zu erinnern, den heiligen Georg in alten italienischen Bildern und französischen Liebesromanen gesehen zu haben, aber viele würden überhaupt nicht darüber nachdenken. Sie würden die Skepsis einfach schlucken, weil es Skepsis war. Der moderne Geheimdienst akzeptiert keine Befehle. Aber es akzeptiert alles ohne Autorität. Genau das ist hier passiert.

„Als irgendein Kritiker behauptete, Prior's Park sei kein Priorat, sondern nach einem recht modernen Mann namens Prior benannt worden, hat niemand diese Theorie wirklich überprüft. Es kam niemandem in den Sinn, der die Geschichte wiederholte, zu fragen, ob es Mr. Prior *gab , ob ihn jemals jemand gesehen oder von ihm gehört hatte.* Tatsächlich war es ein Priorat und teilte das Schicksal der meisten Priorate – das heißt, der Tudor-Herr mit dem Federbusch stahl es einfach mit roher Gewalt und verwandelte es in sein eigenes Privathaus; er hat schlimmere Dinge getan, wie Sie hören werden. Aber der Punkt hier ist, dass der Trick so funktioniert, und der Trick funktioniert im anderen Teil der Geschichte genauso. Der Name dieses Bezirks ist in allen besten von den Gelehrten erstellten Karten, Holinwall, abgedruckt; und sie spielen leichthin, nicht ohne ein Lächeln, auf die Tatsache an, dass es von den unwissendsten und altmodischsten Armen als

„Holiwell" ausgesprochen wurde . Aber es wird falsch geschrieben und richtig ausgesprochen."

„Wollen Sie damit sagen", fragte Crane schnell, „dass es wirklich einen Brunnen gab?"

„Es gibt einen Brunnen", sagte Fisher, „und die Wahrheit liegt auf dem Grund."

Während er sprach, streckte er seine Hand aus und zeigte auf die Wasserfläche vor ihm.

„Der Brunnen liegt irgendwo unter Wasser", sagte er, „und das ist nicht die erste damit verbundene Tragödie." Der Gründer dieses Hauses tat etwas, was seine Banditenkollegen sehr selten taten; etwas, das selbst in der Anarchie der Plünderung der Klöster vertuscht werden musste. Der Brunnen war mit den Wundern eines Heiligen verbunden, und der letzte Prior, der ihn bewachte, war selbst so etwas wie ein Heiliger; sicherlich war er so etwas wie ein Märtyrer. Er widersetzte sich dem neuen Besitzer und forderte ihn heraus, den Ort zu verschmutzen, bis der Adlige ihn wütend erstach und seinen Körper in den Brunnen warf, wohin ihm nach vierhundert Jahren ein bekleideter Erbe des Usurpators folgte im gleichen Lila und mit dem gleichen Stolz durch die Welt gehen."

„Aber wie kam es dazu", fragte Crane, „dass Bulmer zum ersten Mal an dieser bestimmten Stelle hineinfiel?"

„Weil das Eis nur an dieser bestimmten Stelle von dem einzigen Mann gelöst wurde, der es wusste", antwortete Horne Fisher. „Es wurde absichtlich mit dem Küchenhacker an dieser besonderen Stelle zerbrochen; und ich selbst hörte das Hämmern und verstand es nicht. Der Ort war mit einem künstlichen See bedeckt worden, schon allein deshalb, weil die ganze Wahrheit mit einer künstlichen Legende überdeckt werden musste. Aber sehen Sie nicht, dass es genau das ist, was diese heidnischen Adligen getan hätten, sie mit einer Art heidnischer Göttin zu entweihen, so wie der römische Kaiser am Heiligen Grab einen Tempel für Venus errichtete ? Aber die Wahrheit konnte immer noch von jedem Gelehrten aufgedeckt werden, der entschlossen war, ihr auf die Spur zu kommen. Und dieser Mann war entschlossen, es aufzuspüren."

"Welcher Mann?" fragte der andere, mit einem Schatten der Antwort im Kopf.

„Der einzige Mann, der ein Alibi hat", antwortete Fisher. „James Haddow, der Antiquariatsanwalt, ist in der Nacht vor dem Todesfall abgereist, aber er hat den schwarzen Stern des Todes auf dem Eis zurückgelassen. Er ging abrupt, nachdem er zuvor vorgeschlagen hatte zu bleiben; wahrscheinlich, denke ich, nach einer hässlichen Szene mit Bulmer bei ihrem juristischen Interview. Wie Sie selbst wissen, konnte Bulmer einem Mann das Gefühl geben, ziemlich mörderisch zu sein, und ich vermute, dass der Anwalt selbst Unregelmäßigkeiten gestehen musste und in Gefahr war, von seinem Mandanten bloßgestellt zu werden. Aber ich verstehe die menschliche Natur so, dass ein Mann in seinem Beruf betrügt, nicht aber in seinem Hobby. Haddow war vielleicht ein unehrlicher Anwalt, aber er konnte nicht umhin, ein ehrlicher Antiquar zu sein. Als er der Wahrheit über den Heiligen Brunnen auf die Spur kam , musste er dieser nachgehen; er ließ sich nicht mit Zeitungsanekdoten über Mr. Prior und ein Loch in der Wand täuschen; Er hat alles herausgefunden, sogar den genauen Ort des Brunnens, und er wurde belohnt, wenn es als Belohnung angesehen werden kann, ein erfolgreicher Attentäter zu sein."

„Und wie sind Sie dieser verborgenen Geschichte auf die Spur gekommen?" fragte der junge Architekt.

Eine Wolke zog über Horne Fishers Stirn. „Ich wusste bereits zu viel darüber", sagte er, „und schließlich ist es eine Schande für mich, leichtfertig über den armen Bulmer zu sprechen, der seine Strafe bezahlt hat; aber der Rest von uns hat es nicht getan. Ich wage zu behaupten, dass jede Zigarre, die ich rauche, und jeder Likör, den ich trinke, direkt oder indirekt von der Plünderung der heiligen Stätten und der Verfolgung der Armen herrührt. Schließlich braucht man nur sehr wenig in der Vergangenheit herumzustöbern, um dieses Loch in der Mauer, diesen großen Durchbruch in den Verteidigungsanlagen der englischen Geschichte zu finden. Es liegt direkt unter der Oberfläche eines dünnen Blattes mit Scheininformationen und Anweisungen, genau wie der schwarze und blutbefleckte Brunnen direkt unter dem Boden aus seichtem Wasser und flachem Unkraut liegt. Oh, das Eis ist dünn, aber es hält aus; Es ist stark genug, um uns zu tragen, wenn wir uns als Mönche verkleiden und darauf tanzen, als Verspottung des lieben, urigen alten Mittelalters. Sie sagten mir, ich müsse ein schickes Kleid anziehen; Also habe ich Kostüme angezogen, ganz nach meinem eigenen Geschmack und meiner Fantasie. Ich ziehe das einzige Kostüm an, das ich für angemessen halte für einen Mann, der die Position eines Gentlemans geerbt hat, aber die Gefühle eines solchen noch nicht ganz verloren hat."

Als Antwort auf einen fragenden Blick erhob er sich mit einer ausladenden, nach unten gerichteten Geste.

„Sack", sagte er; „Und ich würde die Asche auch tragen, wenn sie auf meinem kahlen Kopf bleiben würde."

VII. DER TEMPEL DER STILLE

Harold March und die wenigen, die die Freundschaft mit Horne Fisher pflegten, waren sich einer gewissen Einsamkeit in seiner Geselligkeit bewusst, besonders wenn sie etwas von ihm in seinem eigenen sozialen Umfeld sahen. Sie schienen sich immer mit seinen Verwandten zu treffen und nie mit seiner Familie. Vielleicht wäre es richtiger zu sagen, dass sie viel von seiner Familie und nichts von seinem Zuhause sahen. Seine Cousins und Verbindungen verzweigten sich wie ein Labyrinth über die gesamte herrschende Klasse Großbritanniens, und mit den meisten von ihnen schien er ein gutes oder zumindest gut gelauntes Verhältnis zu haben. Denn Horne Fisher zeichnete sich durch eine merkwürdige, unpersönliche Information und sein Interesse an allen möglichen Themen aus, so dass man manchmal meinen könnte, seine Kultur hätte, wie sein farbloser, heller Schnurrbart und seine blassen, herabhängenden Gesichtszüge, die neutrale Natur eines Chamäleons. Wie auch immer, er konnte immer mit Vizekönigen und Kabinettsministern und allen großen Männern, die für große Abteilungen verantwortlich waren, auskommen und mit jedem von ihnen über sein eigenes Thema sprechen, über den Studienzweig, der ihn am ernsthaftesten beschäftigte. So konnte er sich mit dem Kriegsminister über Seidenraupen, mit dem Bildungsminister über Kriminalgeschichten, mit dem Arbeitsminister über Limoges-Emaille und mit dem Minister für Missionen und moralischen Fortschritt (falls das sein richtiger Titel ist) über die Pantomime unterhalten Jungen der letzten vier Jahrzehnte. Und da der erste sein Cousin ersten Grades, der zweite sein Cousin zweiten Grades, der dritte sein Schwager und der vierte sein angeheirateter Onkel war, trug diese Vielseitigkeit in der Gesprächsführung sicherlich in gewisser Hinsicht dazu bei, eine glückliche Familie zu gründen. Aber March schien nie einen Blick auf das häusliche Innere zu erhaschen, an das Männer der Mittelschicht in ihren Freundschaften gewöhnt sind und das in der Tat die Grundlage für Freundschaft, Liebe und alles andere in jeder gesunden und stabilen Gesellschaft ist. Er fragte sich, ob Horne Fisher sowohl Waise als auch Einzelkind war.

Deshalb stellte er mit einiger Überraschung fest, dass Fisher einen Bruder hatte, der weitaus wohlhabender und mächtiger war als er selbst, obwohl er, wie March fand, kaum so unterhaltsam war. Sir Henry Harland Fisher, mit dem halben Alphabet hinter seinem Namen, war im Außenministerium etwas viel Größeres als der Außenminister. Anscheinend lag es schließlich in der Familie; denn es schien, als gäbe es in Indien einen anderen Bruder, Ashton Fisher, der weitaus gewaltiger war als der Vizekönig. Sir Henry Fisher war eine kräftigere, aber schönere Ausgabe seines Bruders, mit einer ebenso kahlen, aber viel glatteren Stirn . Er war sehr höflich, aber ein wenig gönnerhaft, nicht nur gegenüber March, sondern, wie March es sich vorstellte, auch gegenüber Horne Fisher. Der letztgenannte Herr, der viel Ahnung von den halbfertigen Gedanken anderer hatte, warf selbst einen Blick auf das Thema, als sie das große Haus am Berkeley Square verließen.

„Warum, wissen Sie nicht", bemerkte er ruhig, „dass ich der Narr der Familie bin?"

„Es muss eine kluge Familie sein", sagte Harold March mit einem Lächeln.

„Sehr würdevoll ausgedrückt", antwortete Fisher; „Das ist das Beste an einer literarischen Ausbildung." Nun, vielleicht ist es übertrieben zu sagen, dass ich der Narr der Familie bin. Es reicht zu sagen, dass ich der Versager der Familie bin."

„Es kommt mir seltsam vor, dass Sie besonders scheitern", bemerkte der Journalist. „Wie heißt es in den Prüfungen, was hast du nicht bestanden?"

„Politik", antwortete sein Freund. „Als ich noch ein recht junger Mann war, kandidierte ich für das Parlament und kam mit großer Mehrheit unter lautem Jubel und Vorsitz in der ganzen Stadt an. Seitdem schwebe ich natürlich eher im Dunkeln."

„Ich fürchte, ich verstehe das ‚Natürlich' nicht ganz", antwortete March lachend.

„Dieser Teil davon ist es nicht wert, verstanden zu werden", sagte Fisher. „Aber tatsächlich, alter Junge, war der andere Teil davon ziemlich seltsam und interessant. Auf seine Art eine ziemliche Detektivgeschichte und die erste Lektion, die ich darüber bekam, woraus moderne Politik besteht. Wenn du möchtest, erzähle ich dir alles darüber." Und das Folgende ist die Geschichte, die er erzählte, in einer weniger anspielungsreichen und gesprächigen Art und Weise.

Niemand, der in den letzten Jahren das Privileg hatte, Sir Henry Harland Fisher kennenzulernen, würde glauben, dass er jemals Harry genannt wurde. Aber in der Tat war er schon als Junge knabenhaft genug gewesen, und die Gelassenheit, die sein Leben lang auf ihn strahlte und die jetzt die Form von Ernst annahm, hatte einst die Form von Fröhlichkeit angenommen. Seine Freunde hätten gesagt, dass er in seiner Reife umso reifer sei , weil er in seiner Jugend jung gewesen sei. Seine Feinde hätten gesagt, er sei immer noch leichtsinnig, aber nicht mehr unbeschwert. Aber auf jeden Fall entstand die ganze Geschichte, die Horne Fisher zu erzählen hatte, aus dem Unfall, der den jungen Harry Fisher zum Privatsekretär von Lord Saltoun gemacht hatte . Daher seine spätere Verbindung zum Auswärtigen Amt, die ihm tatsächlich als eine Art Vermächtnis seiner Lordschaft zuteil geworden war, als dieser große Mann die Macht hinter dem Thron war. Es ist hier nicht der Ort, viel über Saltoun zu sagen , da wenig über ihn bekannt war und es dennoch viel Wissenswertes gab. England hatte mindestens drei oder vier solcher geheimen Staatsmänner. Ein aristokratisches Gemeinwesen bringt hin und wieder einen Aristokraten hervor, der auch ein Zufall ist, ein Mann von intellektueller Unabhängigkeit und Einsicht, ein in Purpur geborener Napoleon. Sein umfangreiches Werk war größtenteils unsichtbar, und im Privatleben konnte man aus ihm außer einem krusten und eher zynischen Sinn für Humor nur sehr wenig herausholen. Aber es war sicherlich der Zufall seiner Anwesenheit bei einem Familienessen der Fishers und die unerwartete Meinung, die er äußerte, die aus dem, was ein Tischwitz hätte sein können, eine Art kleinen Sensationsroman machte.

Abgesehen von Lord Saltoun war es eine Familienfeier der Fishers, denn der einzige andere angesehene Fremde war gerade nach dem Abendessen gegangen und hatte den Rest ihrem Kaffee und ihren Zigarren überlassen. Dabei handelte es sich um eine interessante Figur – einen jungen Mann aus Cambridge namens Eric Hughes, der die aufstrebende Hoffnung der Reformpartei darstellte, der die Familie Fisher zusammen mit ihrem Freund Saltoun schon lange zumindest formell verbunden war. Die Persönlichkeit von Hughes ließ sich im Wesentlichen dadurch zusammenfassen, dass er während des gesamten Abendessens eloquent und ernsthaft sprach, aber sofort danach ging, um rechtzeitig zu einem Termin zu erscheinen. Alle seine Handlungen hatten etwas zugleich Ehrgeiziges und Gewissenhaftes; er trank keinen Wein, war aber von Worten leicht berauscht. Und sein Gesicht und seine Sätze waren gerade auf der Titelseite aller Zeitungen, weil er bei der großen Nachwahl im Westen um den sicheren Sitz von Sir Francis Verner kämpfte. Alle redeten über die kraftvolle Rede gegen die Squirarchie, die er gerade gehalten hatte; Sogar im Fisher-Kreis redeten alle darüber, außer Horne Fisher selbst, der in einer Ecke saß und sich über das Feuer senkte.

„Wir müssen ihm wirklich danken, dass er der alten Partei neues Leben eingehaucht hat", sagte Ashton Fisher. „Diese Kampagne gegen die alten Gutsbesitzer unterstreicht einfach den Grad der Demokratie, der in diesem Landkreis herrscht. Dieses Gesetz zur Ausweitung der Kontrolle durch den Bezirksrat ist praktisch sein Gesetzentwurf; man kann also sagen, dass er in der Regierung ist, noch bevor er im Repräsentantenhaus ist."

„Das eine ist einfacher als das andere", sagte Harry nachlässig. „Ich wette, der Gutsbesitzer ist ein größerer Topf als der Bezirksrat in diesem Bezirk. Verner ist ziemlich verwurzelt; Alle diese ländlichen Orte sind das, was Sie als reaktionär bezeichnen. Verdammte Aristokraten werden daran nichts ändern."

„Er verdammt sie ziemlich genau", bemerkte Ashton. „Wir hatten noch nie ein besseres Treffen als das in Barkington , das im Allgemeinen konstitutionell ist. Und als er sagte: „Sir Francis kann sich seines blauen Blutes rühmen; „Lasst uns zeigen, dass wir rotes Blut haben", und als er dann über Männlichkeit und Freiheit redete, richtete sich der Raum einfach auf ihn."

„Spricht sehr gut", sagte Lord Saltoun schroff und leistete damit seinen bislang einzigen Beitrag zum Gespräch.

Dann sprach plötzlich der fast ebenso schweigsame Horne Fisher, ohne seinen grüblerischen Blick vom Feuer abzuwenden.

„Was ich nicht verstehen kann", sagte er, „ist, warum niemand jemals wegen des wahren Grundes beschimpft wird."

„Hallo!" bemerkte Harry humorvoll, „fängst du an, es zu bemerken?"

„Nun, nehmen Sie Verner", fuhr Horne Fisher fort. „Wenn wir Verner angreifen wollen, warum greifen wir ihn dann nicht an? Warum sollte man ihm ein Kompliment dafür machen, dass er ein romantischer, reaktionärer Aristokrat ist? Wer ist Verner? Woher kommt er? Sein Name klingt alt, aber ich habe noch nie davon gehört, wie der Mann über die Kreuzigung sagte. Warum über sein blaues Blut reden? Soweit irgendjemand weiß, könnte sein Blut gambogegelb mit grünen Flecken sein. Wir wissen nur, dass der alte Gutsbesitzer Hawker irgendwie sein Geld (und das seiner zweiten Frau, nehme ich an, denn sie war reich genug) aufgebraucht und das Anwesen an einen Mann namens Verner verkauft hat. Womit hat er sein Geld verdient? Öl? Armeeverträge?"

„Ich weiß es nicht", sagte Saltoun und sah ihn nachdenklich an.

„Das Erste, was ich überhaupt wusste, war, dass du es nicht wusstest", rief der überschwängliche Harry.

„Und außerdem gibt es noch mehr", fuhr Horne Fisher fort, der plötzlich seine Zunge wiedergefunden zu haben schien. „Wenn wir wollen, dass die Landsleute für uns stimmen, warum holen wir uns dann nicht jemanden, der etwas über das Land weiß? Wir reden mit den Leuten in der Threadneedle Street nur über Rüben und Schweineställe. Warum reden wir mit den Menschen in Somerset nur über Slums und Sozialismus? Warum geben wir das Land des Squires nicht an dessen Pächter, anstatt den Bezirksrat einzubeziehen?"

„Drei Hektar und eine Kuh", rief Harry und stieß einen ironischen Jubel aus, den die Parlamentsberichte nennen.

„Ja", antwortete sein Bruder hartnäckig. „Glauben Sie nicht, dass Landarbeiter lieber drei Hektar Land und eine Kuh hätten als drei Hektar gedruckte Formulare und ein Komitee? Warum gründet jemand in der Politik nicht eine Freibauernpartei und beruft sich dabei auf die alten Traditionen des Kleingrundbesitzers? Und warum greifen sie Männer wie Verner nicht als das an, was sie sind, was ungefähr so alt und traditionell ist wie ein amerikanischer Ölkonzern?"

„Du solltest die Freibauerngruppe besser selbst leiten", lachte Harry. „Glauben Sie nicht, dass es ein Witz wäre, Lord Saltoun , meinen Bruder und seine fröhlichen Männer mit ihren Bögen und Scheinen in Lincoln-Grün statt in Lincoln- und Bennet-Hüten nach Somerset marschieren zu sehen?"

„Nein", antwortete der alte Saltoun , „ich glaube nicht, dass es ein Witz wäre." Ich denke, es wäre eine äußerst ernste und vernünftige Idee."

„Nun, ich bin am Ende!" rief Harry Fisher und starrte ihn an. „Ich sagte gerade, es sei die erste Tatsache, die du nicht wüsstest, und ich sollte sagen, das ist der erste Witz, den du nicht gesehen hast."

„Ich habe im Laufe meiner Zeit eine ganze Menge Dinge gesehen", sagte der alte Mann auf seine etwas säuerliche Art. „Ich habe im Laufe meiner Zeit auch ziemlich viele Lügen erzählt, und vielleicht habe ich sie ziemlich satt. Aber es gibt trotz alledem Lügen und Lügen. Herren lügten früher genauso wie Schuljungen, weil sie zusammenhielten und teilweise auch, um sich gegenseitig zu helfen. Aber ich kann verdammt noch mal verstehen, warum wir für diese kosmopolitischen Trottel, die sich nur selbst helfen, lügen sollten. Sie unterstützen uns nicht mehr; Sie verdrängen uns einfach. Wenn ein Mann wie Ihr Bruder gerne als Freibauer, Gentleman, Jakobit oder alter Brite ins Parlament geht, wäre das meiner Meinung nach eine sehr gute Sache."

In der ziemlich verblüfften Stille, die darauf folgte, sprang Horne Fisher auf, und all sein trostloses Benehmen verlor sich von ihm.

„Ich bin bereit, es morgen zu tun", rief er. „Ich nehme an, keiner von euch würde mich unterstützen."

Dann zeigte Harry Fisher die schöne Seite seines Ungestüms. Er machte eine plötzliche Bewegung, als wollte er ihm die Hand schütteln.

„Du bist ein Sport", sagte er, „und ich werde dich unterstützen, wenn es kein anderer tut. Aber wir alle können Sie unterstützen, nicht wahr? Ich verstehe, was Lord Saltoun meint, und natürlich hat er Recht. Er hat immer Recht."

„ Also werde ich nach Somerset gehen", sagte Horne Fisher.

„Ja, es ist auf dem Weg nach Westminster", sagte Lord Saltoun mit einem Lächeln.

Und so kam es, dass Horne Fisher einige Tage später in Begleitung eines leichten Koffers und eines lebhaften Bruders am kleinen Bahnhof einer etwas abgelegenen Marktstadt im Westen ankam. Es darf jedoch nicht angenommen werden, dass der fröhliche Ton des Bruders nur aus Spreu bestand. Er unterstützte den neuen Kandidaten sowohl hoffnungsvoll als auch heiter; und im Hintergrund seiner ausgelassenen Partnerschaft gab es zunehmendes Mitgefühl und Ermutigung. Harry Fisher hatte immer eine Zuneigung zu seinem ruhigeren und exzentrischeren Bruder gehabt und entwickelte nun immer mehr Respekt vor ihm. Im Verlauf der Kampagne wuchs der Respekt zu glühender Bewunderung. Denn Harry war noch jung und spürte beim Wahlkampf die gleiche Begeisterung für seinen Kapitän, wie ein Schuljunge beim Cricket für seinen Kapitän empfinden kann.

Die Bewunderung war auch nicht unverdient. Als sich der neue Dreikampf entwickelte, wurde außer seinem ergebenen Verwandten auch anderen klar, dass es in Horne Fisher mehr gab, als man je auf den ersten Blick gesehen hatte. Es war klar, dass sein Ausbruch am Kaminfeuer der Familie nur der Höhepunkt einer langen Phase des Grübelns und Studierens über diese Frage gewesen war. Das Talent, das er sich ein Leben lang bewahrte, um sein Fach und sogar das Fach eines anderen zu studieren, konzentrierte sich seit langem auf die Idee, eine neue Bauernschaft gegen eine neue Plutokratie zu verteidigen. Er sprach mit Eloquenz zu einer Menschenmenge und antwortete einer Person mit Humor, zwei politische Künste, die für ihn selbstverständlich zu sein schienen. Er wusste sicherlich viel mehr über ländliche Probleme als Hughes, der Reformkandidat, oder Verner, der Verfassungskandidat. Und er ging diesen Problemen mit menschlicher Neugier nach und ging auf eine Weise unter die Oberfläche, von der keiner von ihnen im Traum träumte. Er wurde bald zum Sprachrohr populärer Gefühle, die in der populären Presse nie zu finden sind. Neue Aspekte der Kritik, Argumente, die noch nie zuvor von einer gebildeten Stimme geäußert worden waren , Tests und Vergleiche, die von Männern, die in den kleinen örtlichen Wirtshäusern tranken, nur im Dialekt angestellt worden waren, halb vergessene Handwerke, die durch Zeichen von Hand und Zunge überliefert worden waren aus fernen Zeiten, als ihre Väter frei waren – all dies löste eine seltsame und doppelte Aufregung aus. Es erschreckte die Gutinformierten, weil es sich um eine neue und fantastische Idee handelte, die ihnen noch nie begegnet war. Es erschreckte die Unwissenden, weil es sich um eine alte und vertraute Idee handelte, von der sie nie gedacht hätten, dass sie jemals wiederbelebt worden wäre. Die Menschen sahen die Dinge in einem neuen Licht und wussten nicht einmal, ob es Sonnenuntergang oder Morgendämmerung war.

Praktische Missstände machten die Bewegung gewaltig. Als Fisher zwischen den Cottages und Landgasthöfen hin und her ging , wurde ihm ohne weiteres klar, dass Sir Francis Verner ein sehr schlechter Vermieter war. Die Geschichte seines Erwerbs des Landes war auch nicht älter und würdevoller, als er angenommen hatte; Die Geschichte war in der Grafschaft wohlbekannt und in vielerlei Hinsicht offensichtlich. Hawker, der alte Squire, war ein lockerer, unbefriedigender Mensch gewesen, hatte mit seiner ersten Frau (die, wie manche sagten, an Vernachlässigung starb) schlechte Beziehungen gehabt und hatte dann eine protzige südamerikanische Jüdin mit einem Vermögen geheiratet. Aber auch dieses Vermögen muss er sich mit erstaunlicher Schnelligkeit erarbeitet haben, denn er war gezwungen gewesen, das Anwesen an Verner zu verkaufen, und war nach Südamerika gezogen, möglicherweise auf den Ländereien seiner Frau. Aber Fisher bemerkte, dass die Nachlässigkeit des alten Gutsbesitzers weit weniger gehasst wurde als die Effizienz des neuen Gutsbesitzers. Verners Geschichte schien voller kluger Geschäfte und finanzieller Pannen zu sein, die dazu führten, dass es anderen Menschen an Geld und Temperament mangelte. Aber obwohl er viel über Verner hörte, gab es etwas, das ihm immer wieder entging; etwas, das niemand wusste, das nicht einmal Saltoun wusste. Er konnte nicht herausfinden, wie Verner ursprünglich sein Geld verdient hatte.

besonders dunkel gehalten haben ", sagte sich Horne Fisher. „Es muss etwas sein, wofür er sich wirklich schämt. Hängen Sie alles auf! Wofür *schämt* sich ein Mann heutzutage?"

Möglichkeiten nachdachte, wurden sie in seinem Kopf immer düsterer und verzerrter; Er dachte vage an ferne und abstoßende Dinge, seltsame Formen der Sklaverei oder Zauberei, und dann an hässliche Dinge, die noch unnatürlicher, aber näher an der Heimat waren. Die Figur von Verner schien in seiner Fantasie geschwärzt und verklärt zu sein und vor verschiedenen Hintergründen und fremden Himmeln zu stehen.

Als er grübelnd eine Dorfstraße hinaufschritt, sahen seine Augen einen völligen Kontrast zum Gesicht seines anderen Rivalen, des Reformkandidaten. Eric Hughes, mit seinem blonden Haar und dem eifrigen Studentengesicht, stieg gerade in sein Auto und richtete noch ein paar letzte Worte an seinen Agenten, einen stämmigen, ergrauten Mann namens Gryce. Eric Hughes winkte freundlich ab; aber Gryce beäugte ihn mit einer gewissen Feindseligkeit. Eric Hughes war ein junger Mann mit echter politischer Begeisterung, aber er wusste, dass politische Gegner Menschen sind, mit denen man jeden Tag essen muss. Aber Mr. Gryce war ein grimmiger kleiner lokaler Radikaler, ein Verfechter der Kapelle und einer dieser glücklichen Menschen, deren Arbeit auch ihr Hobby ist. Als das Auto davonfuhr, drehte er ihm den Rücken zu und ging zügig die sonnenbeschienene Hauptstraße der kleinen Stadt entlang, pfeifend, während politische Papiere aus seiner Tasche ragten.

Fisher schaute der resoluten Gestalt einen Moment lang nachdenklich nach und begann dann, wie aus einem Impuls heraus, ihr zu folgen. Durch den belebten Marktplatz, zwischen den Körben und Schubkarren des Markttages, unter dem bemalten Holzschild des Grünen Drachen, einen dunklen Seiteneingang hinauf, unter einem Torbogen und durch ein Gewirr aus krummen Kopfsteinpflasterstraßen schlängelten sich die beiden ihren Weg die viereckige, stolzierende Gestalt vorne und die schlanke, lümmelnde Gestalt hinter ihm, wie sein Schatten im Sonnenschein. Schließlich kamen sie zu einem braunen Backsteinhaus mit einem Messingschild, auf dem Mr. Gryces Name stand, und dieser drehte sich um und starrte seinen Verfolger an.

„Könnte ich Sie kurz sprechen, Sir?" fragte Horne Fisher höflich. Der Agent starrte ihn noch länger an, stimmte aber höflich zu und führte den anderen in ein Büro, das mit Flugblättern übersät war und rundherum mit farbenprächtigen Plakaten behängt war, die den Namen Hughes mit allen höheren Interessen der Menschheit in Verbindung brachten.

"Herr. Horne Fisher, glaube ich", sagte Herr Gryce . „Natürlich fühle ich mich durch den Anruf sehr geehrt. Ich fürchte, ich kann nicht so tun, als würde ich Ihnen zu Ihrer Teilnahme am Wettbewerb gratulieren. das wirst du nicht erwarten. Hier haben wir die alte Flagge für Freiheit und Reformen hochgehalten, und Sie kommen herein und durchbrechen die Kampflinie."

Denn Herr Elijah Gryce war reich an militärischen Metaphern und Anprangerungen des Militarismus. Er war ein Mann mit eckigem Kinn, stumpfen Gesichtszügen und einer kämpferisch hochgezogenen Augenbraue. Er war seit seiner Kindheit in die Politik dieses Landes verstrickt, er kannte die Geheimnisse aller, und Wahlkampf war die Romantik seines Lebens.

„Ich nehme an, Sie denken, ich bin voller Ehrgeiz", sagte Horne Fisher mit seiner eher lustlosen Stimme, „ich strebe eine Diktatur und so weiter an." Nun, ich glaube, ich kann mich von dem Vorwurf bloß egoistischen Ehrgeizes befreien. Ich möchte nur, dass bestimmte Dinge erledigt werden. Ich möchte sie nicht machen. Ich habe sehr selten Lust, etwas zu tun. Und ich bin hierher gekommen, um zu sagen, dass ich durchaus bereit bin, mich aus dem Wettbewerb zurückzuziehen, wenn Sie mich davon überzeugen können, dass wir wirklich dasselbe tun wollen."

Der Vertreter der Reformpartei sah ihn mit einem seltsamen und leicht verwirrten Gesichtsausdruck an, und bevor er antworten konnte, fuhr Fisher im gleichen Tonfall fort:

„Man kann es kaum glauben, aber ich verberge ein Gewissen vor mir; und ich habe in mehreren Dingen Zweifel. Wir wollen zum Beispiel beide Verner aus dem Parlament werfen, aber welche Waffe sollen wir einsetzen? Ich habe eine Menge Gerüchte gegen ihn gehört, aber ist es richtig, nur aufgrund von Gerüchten zu handeln? So wie ich fair zu dir sein möchte, möchte ich auch fair zu ihm sein. Wenn einige der Dinge, die ich gehört habe, wahr sind, sollte er aus dem Parlament und jedem anderen Club in London ausgeschlossen werden. Aber ich möchte ihn nicht aus dem Parlament werfen, wenn sie nicht wahr sind."

An diesem Punkt erschien das Licht des Kampfes in Mr. Gryces Augen und er wurde gesprächig, um nicht zu sagen gewalttätig. Er hatte jedenfalls keinen Zweifel daran, dass die Geschichten wahr waren; er konnte nach eigenem Wissen bezeugen, dass sie wahr waren. Verner war nicht nur ein harter, sondern auch ein gemeiner Vermieter, ein Räuber und ein Racker ; Jeder Gentleman hätte das Recht, ihn zu vertreiben. Er hatte den alten Wilkins durch einen Trick, der sich für einen Taschendieb eignete, um sein Eigentum betrogen; er hatte die alte Mutter Biddle zum Arbeitshaus gefahren; Er hatte das Gesetz gegen Long Adam, den Wilderer, ausgeweitet, bis alle Richter sich seiner schämten.

„ Wenn Sie also unter dem alten Banner dienen", schloss Mr. Gryce freundlicher, „und sich als betrügerischer Tyrann entpuppen, werden Sie es sicher nie bereuen."

„Und wenn das wahr ist", sagte Horne Fisher, „werden Sie es sagen?"

"Wie meinst du das? Sag die Wahrheit?" forderte Gryce .

„Ich meine, Sie werden die Wahrheit so sagen, wie Sie es gerade gesagt haben ", antwortete Fisher. „Sie werden diese Stadt mit der Bosheit belästigen, die dem alten Wilkins angetan wurde. Sie werden die Zeitungen mit der berüchtigten Geschichte von Mrs. Biddle füllen. Sie werden Verner öffentlich anprangern, ihn für das, was er getan hat, und den Wilderer, dem er das angetan hat, beim Namen nennen. Und Sie werden herausfinden, mit welchem Gewerbe dieser Mann das Geld verdiente, mit dem er das Anwesen kaufte; Und wenn man die Wahrheit kennt, wie ich bereits sagte, wird man sie natürlich sagen. Unter diesen Bedingungen gehe ich unter die alte Flagge, wie Sie es nennen, und hole meinen kleinen Wimpel ein."

Der Agent musterte ihn mit einem neugierigen Gesichtsausdruck, mürrisch, aber nicht ganz unsympathisch. „Nun", sagte er langsam, „Sie müssen diese Dinge auf regelmäßige Weise tun, wissen Sie, sonst verstehen die Leute es nicht. Ich habe viel Erfahrung und fürchte, dass das, was Sie sagen, nicht ausreichen würde. Die Leute verstehen es im Allgemeinen, Knappen zu beschimpfen, aber diese Persönlichkeiten werden nicht als fair angesehen. Sieht nach einem Treffer unter der Gürtellinie aus."

„Der alte Wilkins hat wohl keinen Gürtel", antwortete Horne Fisher. „Verner kann ihn trotzdem schlagen, und niemand muss ein Wort sagen. Es ist offensichtlich sehr wichtig, einen Gürtel zu haben. Aber offenbar muss man schon ziemlich weit oben in der Gesellschaft stehen, um einen zu haben. „Möglicherweise", fügte er nachdenklich hinzu , „ möglicherweise die Erklärung des Ausdrucks ‚ein Earl mit Gürtel', dessen Bedeutung mir immer entgangen ist."

„Ich meine, diese Persönlichkeiten reichen nicht aus", erwiderte Gryce und blickte stirnrunzelnd auf den Tisch.

„Und Mutter Biddle und Long Adam, der Wilderer, sind keine Persönlichkeiten", sagte Fisher, „und wir dürfen uns nicht fragen, wie Verner all das Geld verdient hat, das es ihm ermöglicht hat, eine Persönlichkeit zu werden."

Gryce sah ihn immer noch mit gesenkten Brauen an, aber das einzigartige Leuchten in seinen Augen war heller geworden. Schließlich sagte er mit einer anderen und viel leiseren Stimme :

„Sehen Sie hier, Sir. Ich mag dich, wenn es dir nichts ausmacht, wenn ich das sage. Ich denke, Sie stehen wirklich auf der Seite des Volkes und ich bin sicher, dass Sie ein mutiger Mann sind. Vielleicht viel mutiger als Sie denken. Wir wagen es nicht, das, was Sie vorschlagen, mit einer Kahnstange anzufassen; Und weit davon entfernt, Sie in der alten Partei haben zu wollen, möchten wir lieber, dass Sie Ihr eigenes Risiko eingehen. Aber weil ich dich mag und deinen Mut respektiere, werde ich dir einen Gefallen tun, bevor wir uns trennen. Ich möchte nicht, dass Sie Ihre Zeit damit verschwenden, sich auf den falschen Weg zu machen. Sie sprechen darüber, wie der neue Gutsbesitzer an das Geld zum Kauf kam, über den Ruin des alten Gutsbesitzers und alles andere. Nun, ich gebe Ihnen einen Hinweis darauf, einen Hinweis auf etwas, das nur wenige Menschen wissen."

„Ich bin sehr dankbar", sagte Fisher ernst. "Was ist es?"

„Es ist in zwei Worten", sagte der andere. „Der neue Gutsbesitzer war ziemlich arm, als er kaufte. Der alte Gutsbesitzer war ziemlich reich, als er verkaufte."

Horne Fisher sah ihn nachdenklich an, als er sich abrupt abwandte und sich mit den Papieren auf seinem Schreibtisch beschäftigte. Dann sprach Fisher einen kurzen Dankes- und Abschiedssatz und ging, immer noch sehr nachdenklich, auf die Straße.

Sein Nachdenken schien in Entschlossenheit zu enden, und mit schnelleren Schritten verließ er die kleine Stadt auf einer Straße, die zum Tor des großen Parks, dem Landsitz von Sir Francis Verner, führte. Ein Glitzern des Sonnenlichts ließ den frühen Winter eher zu einem Spätherbst werden, und die dunklen Wälder waren hier und da mit roten und goldenen Blättern bedeckt, wie die letzten Strahlen eines verlorenen Sonnenuntergangs. Von einem höher gelegenen Teil der Straße aus hatte er die lange, klassische Fassade des großen Hauses mit seinen vielen Fenstern fast unmittelbar unter sich gesehen, aber als die Straße unter der Mauer des Anwesens hinunterführte, auf dessen Krone sich hoch aufragende Bäume befanden, wurde ihm klar dass es bis zum Tor der Hütte noch eine halbe Meile sei. Nachdem er jedoch ein paar Minuten den Weg entlang gelaufen war, kam er an eine Stelle, an der die Wand Risse hatte und gerade repariert wurde. So wie es war, gab es eine große Lücke im grauen Mauerwerk, die zunächst schwarz wie eine Höhle aussah und erst auf den zweiten Blick das Zwielicht der funkelnden Bäume erkennen ließ. Dieses unerwartete Tor hatte etwas Faszinierendes, wie der Beginn eines Märchens.

Horne Fisher hatte etwas vom Aristokraten in sich, was dem Anarchisten sehr nahe kommt. Es war charakteristisch für ihn, dass er in diesen dunklen und unregelmäßigen Eingang genauso beiläufig einbog wie in seine eigene Haustür, nur weil er dachte, dass es eine Abkürzung zum Haus sein würde. Er bahnte sich ein Stück und mit einigen Schwierigkeiten seinen Weg durch den düsteren Wald, bis durch die Bäume ein flaches Licht in silbernen Linien zu scheinen begann, was er zunächst nicht verstand. Im nächsten Moment war er oben an einem steilen Ufer ans Tageslicht gekommen, an dessen Grund ein Pfad um den Rand eines großen Zierteichs herumführte. Die Wasserfläche, die er durch die Bäume schimmern sah, war beträchtlich groß, aber auf allen Seiten von Wäldern umgeben, die nicht nur dunkel, sondern ausgesprochen düster waren. An einem Ende des Weges stand eine klassische Statue einer namenlosen Nymphe, und am anderen Ende wurde sie von zwei klassischen Urnen flankiert; aber der Marmor war verwittert und hatte grüne und graue Streifen. Hundert weitere Schilder, kleiner, aber bedeutsamer, verrieten ihm, dass er sich an einer abgelegenen Ecke des Geländes befand, die vernachlässigt und selten besucht wurde. In der Mitte des Sees befand sich etwas, das wie eine Insel aussah, und auf der Insel etwas, das offenbar für einen klassischen Tempel gedacht war, nicht offen wie ein Tempel der Winde, sondern mit einer leeren Wand zwischen seinen dorischen Säulen. Wir können sagen, dass es nur wie eine Insel aussah, denn auf den zweiten Blick offenbarte sich ein niedriger Damm aus flachen Steinen, der vom Ufer aus zu ihr hinaufführte und sie in eine Halbinsel verwandelte. Und sicherlich wirkte es nur wie ein Tempel, denn niemand wusste besser als Horne Fisher, dass in diesem Schrein noch nie ein Gott gelebt hatte.

„Das macht die ganze klassische Landschaftsgärtnerei so trostlos“, sagte er sich. „Österlicher als Stonehenge oder die Pyramiden. Wir glauben nicht an die ägyptische Mythologie, aber die Ägypter glaubten es; und ich nehme an, sogar die Druiden glaubten an den Druidentum. Aber der Herr, der diese Tempel im 18. Jahrhundert baute, glaubte genauso wenig an Venus oder Merkur wie wir; Deshalb ist das Spiegelbild dieser blassen Säulen im See wirklich nur der Schatten eines Schattens. Sie waren Männer aus dem Zeitalter der Vernunft; Sie, die ihre Gärten mit diesen Steinnymphen füllten, hatten weniger Hoffnung als alle anderen Menschen in der Geschichte, tatsächlich einer Nymphe im Wald zu begegnen."

Sein Monolog brach abrupt mit einem scharfen Geräusch ab, das einem Donnergrollen ähnelte und in trüben Echos über das düstere Meer rollte. Er wusste sofort, was es war: Jemand hatte eine Waffe abgefeuert. Aber als er wusste, was es bedeutete, war er für einen Moment fassungslos, und seltsame Gedanken drängten sich in seinen Kopf. Im nächsten Moment lachte er; denn er sah ein kleines Stück am Wegesrand unter sich den toten Vogel liegen, den der Schuss niedergestreckt hatte.

Im selben Moment sah er jedoch etwas anderes, das ihn mehr interessierte. Ein Ring aus dichten Bäumen lief um die Rückseite des Inseltempels herum und umrahmte dessen Fassade mit dunklem Laub, und er hätte schwören können, dass er eine Bewegung zwischen den Blättern bemerkte. Im nächsten Moment wurde sein Verdacht bestätigt, denn eine ziemlich zerlumpte Gestalt kam aus dem Schatten des Tempels hervor und begann, den Damm entlang zu gehen, der zum Ufer führte. Selbst aus dieser Entfernung fiel die Gestalt durch ihre große Größe auf, und Fisher konnte erkennen, dass der Mann eine Waffe unter dem Arm trug. Da fiel ihm sofort der Name Long Adam, der Wilderer, wieder ein.

Mit einem schnellen Gespür für Strategie , das er manchmal an den Tag legte, sprang Fisher vom Ufer und rannte um den See herum bis zum Ende des kleinen Steinpiers. Wenn ein Mann einmal das Festland erreichte, konnte er leicht im Wald verschwinden. Doch als Fisher begann, über die Steine zur Insel vorzudringen, geriet der Mann in eine Sackgasse und konnte nur noch zum Tempel zurückkehren. Er stemmte seine breiten Schultern dagegen und stand wie auf Distanz; Er war ein vergleichsweise junger Mann mit feinen Linien in seinem hageren Gesicht und seiner schlanken Figur und einem Wuschel struppiger roter Haare. Der Ausdruck in seinen Augen hätte jeden, der mit ihm allein auf einer Insel mitten in einem See war, beunruhigen können.

„Guten Morgen", sagte Horne Fisher freundlich. „Zuerst dachte ich, du wärst ein Mörder. Aber irgendwie scheint es unwahrscheinlich, dass das Rebhuhn zwischen uns herstürmte und aus Liebe zu mir starb, wie die Heldinnen in den Liebesromanen; also nehme ich an, dass du ein Wilderer bist."

„Ich nehme an, Sie würden mich einen Wilderer nennen", antwortete der Mann; und seine Stimme war so etwas wie eine Überraschung, als sie von einer solchen Vogelscheuche kam; Es hatte die harte Sorgfalt, die man bei denen findet, die in einer rauen Umgebung für ihre eigene Vornehmheit gekämpft haben. „Ich denke, ich habe das perfekte Recht, an diesem Ort Wild zu schießen. Aber mir ist durchaus bewusst, dass Leute wie Sie mich für einen Dieb halten, und ich nehme an, Sie werden versuchen, mich ins Gefängnis zu bringen."

„Es gibt anfängliche Schwierigkeiten", antwortete Fisher. „Der Fehler ist zunächst einmal schmeichelhaft, aber ich bin kein Wildhüter. Noch weniger bin ich drei Wildhüter, die, wie ich mir vorstellen kann, ungefähr Ihr Kampfgewicht haben würden. Aber ich gestehe, ich habe noch einen weiteren Grund, warum ich Sie nicht einsperren möchte."

"Und was ist das?" fragte der andere.

„Nur dass ich Ihnen voll und ganz zustimme", antwortete Fisher. „Ich behaupte nicht unbedingt, dass man das Recht hat, zu wildern, aber ich konnte mir nie vorstellen, dass es so falsch ist, wie ein Dieb zu sein. Meiner Meinung nach widerspricht es der normalen Vorstellung von Eigentum, dass ein Mann etwas besitzen sollte, weil es durch seinen Garten fliegt. Er könnte genauso gut den Wind besitzen oder denken, er könnte seinen Namen auf eine Morgenwolke schreiben. Wenn wir außerdem wollen, dass arme Menschen Eigentum respektieren, müssen wir ihnen Eigentum geben, das sie respektieren müssen. Du solltest eigenes Land haben; und ich werde dir welche geben, wenn ich kann."

„Ich werde mir etwas Land geben!" wiederholte Long Adam.

öffentlich und privat dasselbe sagt ." Ich habe dies vor hundert großen Versammlungen im ganzen Land gesagt, und ich sage es Ihnen auf dieser seltsamen kleinen Insel in diesem düsteren Teich. Ich würde ein großes Anwesen wie dieses in kleine Anwesen für alle aufteilen, auch für Wilderer. Ich würde es in England so machen, wie sie es in Irland taten: wenn möglich, die großen Männer auskaufen; Hol sie auf jeden Fall raus. Ein Mann wie Sie sollte ein eigenes kleines Zuhause haben. Ich sage nicht, dass man Fasane halten könnte, aber man könnte Hühner halten."

Der Mann versteifte sich plötzlich und schien bei dem Versprechen sofort zu erbleichen und zu brennen, als wäre es eine Drohung.

„Hühner!" wiederholte er mit leidenschaftlicher Verachtung.

„Warum widersprechen Sie?" fragte der ruhige Kandidat. „Weil das Halten von Hühnern für einen Wilderer eher ein mildes Vergnügen ist? Wie wäre es mit dem Pochieren von Eiern?"

„Weil ich kein Wilderer bin", rief Adam mit zerreißender Stimme, die wie das Echo seiner Waffe durch die hohlen Schreine und Urnen hallte. „Weil das tote Rebhuhn da drüben mein Rebhuhn ist. Denn das Land, auf dem du stehst, ist mein Land. Denn mein eigenes Land wurde mir nur durch ein Verbrechen genommen, und zwar durch ein schlimmeres Verbrechen als Wilderei. Dies ist seit Hunderten und Aberhunderten von Jahren ein einziges Anwesen, und wenn Sie oder irgendein aufdringlicher Gauner hierherkommt und davon spricht, es wie einen Kuchen zu zerschneiden, wenn ich jemals mehr ein Wort von Ihnen und Ihren nivellierenden Lügen höre –"

„Sie scheinen ein ziemlich unruhiges Publikum zu sein", bemerkte Horne Fisher, „aber machen Sie weiter." Was passiert, wenn ich versuche, dieses Vermögen anständig unter anständigen Menschen aufzuteilen?"

Der Wilderer hatte eine grimmige Fassung wiedererlangt, als er antwortete. „Es wird kein Rebhuhn geben, das dazwischen hetzt."

Damit drehte er sich um, offensichtlich entschlossen, nichts mehr zu sagen, und ging am Tempel vorbei zum äußersten Ende der Insel, wo er stand und ins Wasser starrte. Fisher folgte ihm, aber als seine wiederholten Fragen keine Antwort hervorriefen, wandte er sich wieder dem Ufer zu. Dabei warf er einen zweiten und genaueren Blick auf den künstlichen Tempel und bemerkte einige merkwürdige Dinge an ihm. Die meisten dieser theatralischen Dinge waren so dünn wie Theaterkulissen, und er erwartete, dass der klassische Schrein ein oberflächliches Ding sein würde, eine bloße Hülle oder Maske. Aber dahinter befand sich ein beträchtlicher Teil davon, der in den Bäumen vergraben war und ein graues, labyrinthisches Aussehen hatte, wie Schlangen aus Stein, und eine Ladung belaubter Türme in den Himmel hob. Doch was Fishers Aufmerksamkeit fesselte, war die Tatsache, dass sich in dieser grauweißen Steinmasse dahinter eine einzelne Tür mit großen, rostigen Riegeln befand; Die Bolzen wurden jedoch nicht durchgeschossen, um es zu sichern. Dann ging er um das kleine Gebäude herum und fand keine andere Öffnung außer einem kleinen Gitter hoch oben in der Wand, das einem Ventilator ähnelte. Nachdenklich ging er den Damm entlang zurück zum Ufer des Sees und setzte sich auf die Steinstufen zwischen den beiden geschnitzten Urnen. Dann zündete er sich eine Zigarette an und rauchte sie wie ein Wiederkäuer; Schließlich holte er ein Notizbuch heraus und schrieb verschiedene Sätze auf, indem er sie nummerierte und neu nummerierte, bis sie in der folgenden Reihenfolge standen: „(1) Squire Hawker mochte seine erste Frau nicht. (2) Er heiratete seine zweite Frau wegen ihres Geldes. (3) Long Adam sagt, das Anwesen gehöre wirklich ihm. (4) Long Adam hängt rund um den Inseltempel, der wie ein Gefängnis aussieht. (5) Squire Hawker war nicht arm, als er das Anwesen aufgab. (6) Verner war arm, als er das Anwesen bekam."

Er betrachtete diese Notizen mit einem Ernst, der sich allmählich in ein hartes Lächeln verwandelte, warf seine Zigarette weg und setzte seine Suche nach einer Abkürzung zum großen Haus fort. Bald nahm er den Weg auf, der ihn zwischen geschnittenen Hecken und Blumenbeeten vor die lange Palladio-Fassade führte. Es hatte den üblichen Anschein, dass es sich nicht um ein Privathaus, sondern um eine Art öffentliches Gebäude handelte, das in die Provinz verbannt wurde.

Zuerst befand er sich in der Gegenwart des Butlers, der tatsächlich viel älter aussah als das Gebäude, denn die Architektur war als georgianisch datiert; Aber das Gesicht des Mannes unter der äußerst unnatürlichen braunen Perücke war von Falten durchzogen, die möglicherweise Jahrhunderte alt waren. Nur seine hervorstehenden Augen waren lebendig und wachsam, als ob sie protestierten. Fisher warf ihm einen Blick zu, blieb dann stehen und sagte:

"Verzeihung. Waren Sie nicht beim verstorbenen Squire, Mr. Hawker?"

„Ja, Sir", sagte der Mann ernst. „Usher ist mein Name. Was kann ich für Dich tun?"

„Führen Sie mich nur nach Sir Francis Verner", antwortete der Besucher.

Sir Francis Verner saß in einem Sessel neben einem kleinen Tisch in einem großen, mit Wandteppichen geschmückten Raum. Auf dem Tisch standen eine kleine Flasche und ein Glas mit dem grünen Schimmer eines Likörs und eine Tasse schwarzen Kaffee. Er trug einen schlichten grauen Anzug mit einer mäßig harmonischen lila Krawatte; Aber Fisher bemerkte etwas an der Wendung seines blonden Schnurrbartes und der Lockenheit seiner glatten Haare – plötzlich verriet er, dass er Franz Werner hieß.

„Sie sind Mr. Horne Fisher", sagte er. „Willst du dich nicht hinsetzen?"

„Nein, danke", antwortete Fisher. „Ich fürchte, dies ist kein freundlicher Anlass und ich werde stehen bleiben. Möglicherweise wissen Sie, dass ich bereits kandidiere – und zwar für das Parlament –"

„Mir ist bewusst, dass wir politische Gegner sind", antwortete Verner und hob die Augenbrauen. „Aber ich denke, es wäre besser, wenn wir sportlich kämpfen würden; im Geiste des englischen Fairplay."

„Viel besser", stimmte Fisher zu. „Es wäre viel besser, wenn du Engländer wärst, und noch viel besser, wenn du jemals fair gespielt hättest. Aber was ich sagen möchte, kann in Kürze gesagt werden. Ich weiß nicht genau, wie wir mit dem Gesetz zu dieser alten Hawker-Geschichte stehen, aber mein Hauptziel ist es, zu verhindern, dass England vollständig von Leuten wie Ihnen regiert wird. Was auch immer das Gesetz sagen würde, mehr werde ich nicht sagen, wenn Sie sich sofort von der Wahl zurückziehen."

„Sie sind offensichtlich ein Wahnsinniger“, sagte Verner.

„Meine Psyche ist vielleicht ein wenig abnormal“, antwortete Horne Fisher ziemlich verschwommen. „Ich bin anfällig für Träume, insbesondere Tagträume. Manchmal wird mir das, was mir widerfährt, auf seltsame doppelte Weise lebendig, als wäre es schon einmal geschehen. Hatten Sie jemals das mystische Gefühl, dass Dinge schon einmal passiert sind?“

„Ich hoffe, Sie sind ein harmloser Wahnsinniger“, sagte Verner.

Aber Fisher starrte immer noch geistesabwesend auf die goldenen Riesenfiguren und braunen und roten Muster in den Wandteppichen; Dann sah er Verner erneut an und fuhr fort: „Ich habe das Gefühl, dass dieses Interview schon einmal stattgefunden hat, hier in diesem mit Wandteppichen versehenen Raum, und wir sind zwei Geister, die ein verwunschenes Zimmer erneut besuchen. Aber es war Squire Hawker, der dort saß, wo Sie sitzen, und Sie waren es, der dort stand, wo ich stehe.“ Er hielt einen Moment inne und fügte dann schlicht hinzu: „Ich glaube, ich bin auch ein Erpresser.“

„Wenn ja“, sagte Sir Francis, „verspreche ich Ihnen, dass Sie ins Gefängnis gehen.“ Aber sein Gesicht hatte einen Schatten, der aussah wie das Spiegelbild des grünen Weins, der auf dem Tisch glänzte. Horne Fisher betrachtete ihn fest und antwortete ganz ruhig:

„Erpresser landen nicht immer im Gefängnis. Manchmal gehen sie ins Parlament. Aber auch wenn das Parlament schon ziemlich mies ist, werden Sie nicht dorthin gehen, wenn ich helfen kann. Ich bin nicht so kriminell wie Sie, als Sie mit der Kriminalität verhandelten. Du hast einen Gutsherrn dazu gebracht, seinen Landsitz aufzugeben. Ich bitte Sie nur, Ihren Parlamentssitz aufzugeben.“

Sir Francis Verner sprang auf und sah sich nach einem der Glockenstränge des altmodischen, mit Vorhängen versehenen Raums um.

„Wo ist Usher?“ schrie er mit wütendem Gesicht.

„Und wer ist Usher?“ sagte Fisher leise. „Ich frage mich, wie viel Usher über die Wahrheit weiß.“

Verners Hand löste sich vom Glockenseil, und nachdem er einen Moment lang mit verdrehten Augen dagestanden hatte, verließ er abrupt den Raum. Fisher ging nur durch die andere Tür, durch die er eingetreten war, und da er kein Zeichen von Usher sah, ging er hinaus und machte sich wieder auf den Weg in die Stadt.

In dieser Nacht steckte er eine elektrische Taschenlampe in die Tasche und machte sich allein in der Dunkelheit auf den Weg, um seiner Argumentation die letzten Anknüpfungspunkte hinzuzufügen. Es gab vieles, was er noch nicht wusste; aber er glaubte zu wissen, wo er das Wissen finden konnte. Die Nacht schloss dunkel und stürmisch und die schwarze Lücke in der Wand sah schwärzer aus als je zuvor; Das Holz schien im Laufe eines Tages dicker und dunkler geworden zu sein. Wenn der verlassene See mit seinen schwarzen Wäldern und grauen Urnen und Bildern selbst bei Tageslicht trostlos aussah, wirkte er in der Nacht und dem zunehmenden Sturm noch mehr wie der Teich von Acheron im Land der verlorenen Seelen. Als er vorsichtig über die Stegsteine schritt, kam es ihm vor, als würde er immer weiter in den Abgrund der Nacht vordringen und die letzten Punkte hinter sich gelassen haben, von denen aus es möglich sein würde, Signale ins Land der Lebenden zu senden. Der See schien größer geworden zu sein als ein Meer, aber ein Meer aus schwarzem und schleimigem Wasser, das mit abscheulicher Gelassenheit schlief, als hätte es die Welt ausgewaschen. Da war so viel von diesem alptraumhaften Gefühl der Ausdehnung und Ausdehnung, dass er seltsam überrascht war, so bald auf seine einsame Insel zu kommen. Aber er wusste, dass es ein Ort unmenschlicher Stille und Einsamkeit war; und es kam ihm vor, als wäre er schon seit Jahren unterwegs.

Um eine normalere Stimmung zu erreichen, blieb er unter einem der dunklen Drachenbäume stehen, die sich über ihm verzweigten, holte seine Taschenlampe heraus und drehte sich in Richtung der Tür an der Rückseite des Tempels. Es war wie zuvor entriegelt, und in ihm regte sich schwach der Gedanke, dass es leicht geöffnet war, wenn auch nur durch einen Spalt. Je mehr er jedoch darüber nachdachte, desto sicherer wurde er, dass dies nur eine der üblichen Illusionen von Licht war, das aus einem anderen Blickwinkel kam. Er studierte mit wissenschaftlicherem Geist die Einzelheiten der Tür mit ihren rostigen Riegeln und Scharnieren, als ihm etwas ganz in seiner Nähe bewusst wurde – tatsächlich fast über seinem Kopf. An dem Baum baumelte etwas, das kein abgebrochener Ast war. Einige Sekunden lang stand er still wie ein Stein und kalt da. Was er über sich sah, waren die Beine eines hängenden Mannes, vermutlich eines toten Mannes, der gehängt wurde. Aber im nächsten Moment wusste er es besser. Der Mann war buchstäblich lebendig und munter; und einen Augenblick später war er zu Boden gefallen und hatte sich gegen den Eindringling gewandt. Gleichzeitig schienen drei oder vier andere Bäume auf die gleiche Weise zum Leben zu erwachen. Fünf oder sechs weitere Gestalten waren aus diesen unnatürlichen Nestern auf die Füße gefallen. Es war, als wäre der Ort eine Affeninsel. Doch einen Augenblick später rannten sie auf ihn los, und als sie ihm die Hände auflegten , wusste er, dass es Männer waren.

Mit der Taschenlampe in der Hand schlug er den vordersten von ihnen so heftig ins Gesicht, dass der Mann stolperte und sich auf dem schleimigen Gras umdrehte; aber die Fackel war zerbrochen und erloschen, so dass alles in noch tieferer Dunkelheit zurückblieb. Er schleuderte einen anderen Mann flach gegen die Tempelwand, sodass dieser zu Boden rutschte; Doch ein Dritter und ein Vierter rissen Fisher von den Füßen und trugen ihn mühsam zur Tür. Selbst in der Verwirrung des Kampfes war er sich bewusst, dass die Tür offen stand. Jemand rief die Raufbolde von innen herbei.

Sobald sie drinnen waren, warfen sie ihn mit Gewalt auf eine Art Bank oder ein Bett, aber ohne Schaden zu nehmen; denn das Sofa, oder was auch immer es war, schien für seinen Empfang bequem gepolstert zu sein. In ihrer Gewalt lag ein großer Teil der Eile, und bevor er aufstehen konnte , waren sie alle zur Tür geeilt, um zu entkommen. Was auch immer die Banditen waren, die diese einsame Insel heimgesucht haben, sie fühlten sich offensichtlich unwohl wegen ihres Jobs und wollten ihn unbedingt loswerden. Er hatte den Eindruck, dass normale Kriminelle kaum in solche Panik geraten würden. Im nächsten Moment fiel die große Tür zu, und er konnte die Riegel kreischen hören, als sie an ihre Stelle schossen, und die Füße der sich zurückziehenden Männer, die über den Damm huschten und stolperten. Aber so schnell es auch geschah, es geschah nicht, bevor Fisher etwas getan hatte, was er tun wollte. Unfähig, sich in diesem Augenblick aus seiner ausgestreckten Haltung zu erheben, hatte er eines seiner langen Beine ausgefahren und es um den Knöchel des letzten Mannes gehakt, der durch die Tür verschwand. Der Mann schwankte und kippte in der Gefängniskammer um, und die Tür schloss sich zwischen ihm und seinen flüchtenden Gefährten. Offensichtlich hatten sie es zu eilig, um zu erkennen, dass sie einen ihrer Kollegen zurückgelassen hatten.

Der Mann sprang wieder auf und hämmerte und trat wütend gegen die Tür. Fishers Sinn für Humor erholte sich allmählich von dem Kampf und er setzte sich mit etwas von seiner angeborenen Lässigkeit auf seinem Sofa auf. Doch als er zuhörte, wie der Gefangene gegen die Tür des Gefängnisses schlug, kam ihm ein neuer und seltsamer Gedanke.

Für einen Mann, der die Aufmerksamkeit seiner Freunde auf sich ziehen möchte, wäre es natürlich, zu rufen, zu schreien und zu treten. Dieser Mann machte mit seinen Füßen und Händen so viel Lärm er konnte, aber aus seiner Kehle kam kein Laut. Warum konnte er nicht sprechen? Zuerst dachte er , der Mann sei geknebelt, was offensichtlich absurd war. Dann fiel ihm wieder die hässliche Vorstellung ein, der Mann sei dumm. Er wusste kaum, warum die Idee so hässlich war, aber sie beeinflusste seine Fantasie auf dunkle und unverhältnismäßige Weise. Die Vorstellung, mit einem Taubstummen in einem dunklen Raum zurückgelassen zu werden, schien etwas Gruseliges zu haben. Es war fast so, als wäre ein solcher Defekt eine Deformität. Es war fast so, als würde es mit anderen und schlimmeren Missbildungen einhergehen. Es war, als wäre die Gestalt, die er in der Dunkelheit nicht erkennen konnte, eine Gestalt , die die Sonne nicht sehen sollte.

Dann hatte er einen Anflug von Vernunft und Einsicht. Die Erklärung war sehr einfach, aber durchaus interessant. Offensichtlich benutzte der Mann seine Stimme nicht, weil er nicht wollte, dass seine Stimme erkannt wurde. Er hoffte, diesem dunklen Ort entkommen zu können, bevor Fisher herausfand, wer er war. Und wer war er? Zumindest eines war klar. Er war einer der vier oder fünf Männer, mit denen Fisher in dieser Gegend und bei der Entwicklung dieser seltsamen Geschichte bereits gesprochen hatte.

„Jetzt frage ich mich, wer du bist", sagte er laut mit all seiner alten, trägen Großzügigkeit. „Ich nehme an, es hat keinen Sinn, dich zu erdrosseln, um es herauszufinden; Es wäre unangenehm, die Nacht mit einer Leiche zu verbringen. Außerdem könnte ich die Leiche sein. Ich habe keine Streichhölzer und meine Taschenlampe ist kaputt, also kann ich nur spekulieren. Wer könntest du jetzt sein? Lasst uns nachdenken."

Der so freundlich angesprochene Mann hatte es unterlassen, an die Tür zu trommeln und zog sich mürrisch in eine Ecke zurück, während Fisher weiterhin in einem fließenden Monolog auf ihn einredete.

„Wahrscheinlich sind Sie der Wilderer, der sagt, er sei kein Wilderer. Er sagt, er sei ein Grundbesitzer; aber er wird mir erlauben, ihm mitzuteilen, dass er, was auch immer er sein mag, ein Narr ist. Welche Hoffnung kann es jemals auf eine freie Bauernschaft in England geben, wenn die Bauern selbst solche Snobs sind, dass sie Gentlemen sein wollen? Wie können wir eine Demokratie ohne Demokraten schaffen? So wie es ist, möchten Sie ein Vermieter sein und sind daher damit einverstanden, ein Krimineller zu sein. Und darin sind Sie, wissen Sie, eher wie jemand anderes. Und wenn ich darüber nachdenke, bist du vielleicht jemand anderes."

Es herrschte Stille, die durch das Atmen aus der Ecke und das Rauschen des aufkommenden Sturms unterbrochen wurde, das durch das kleine Gitter über dem Kopf des Mannes hereindrang. Horne Fisher fuhr fort:

„Sind Sie vielleicht nur ein Diener, dieser ziemlich finstere alte Diener, der Butler von Hawker und Verner war? Wenn ja, sind Sie sicherlich das einzige Bindeglied zwischen den beiden Zeiträumen. Aber wenn ja, warum erniedrigen Sie sich dann, diesem schmutzigen Ausländer zu dienen, wenn Sie zumindest den letzten Rest eines echten nationalen Adels gesehen haben? Menschen wie Sie sind im Allgemeinen zumindest patriotisch. Bedeutet Ihnen England nichts, Mr. Usher? All diese Beredsamkeit ist möglicherweise verschwendet, da Sie vielleicht nicht Mr. Usher sind.

„Wahrscheinlicher ist, dass Sie Verner selbst sind; und es nützt nichts, Beredsamkeit zu verschwenden, um sich zu schämen. Es nützt auch nichts, Sie dafür zu verfluchen, dass Sie England korrumpiert haben; Sie sind auch nicht die richtige Person zum Fluchen. Es sind die Engländer, die es verdienen, verflucht zu werden, und die verflucht sind, weil sie zuließen, dass solches Ungeziefer in die Höhen ihrer Helden und Könige kroch. Ich werde nicht weiter auf die Idee eingehen, dass Sie Verner sind, sonst könnte die Drosselung doch beginnen. Gibt es noch jemanden, der du sein könntest? Sicherlich sind Sie kein Diener der anderen Konkurrenzorganisation. Ich kann nicht glauben, dass Sie Gryce sind , der Agent. und doch hatte Gryce auch einen Funken Fanatiker in seinen Augen; und Männer werden in diesen dürftigen politischen Fehden Außerordentliches leisten. Oder wenn nicht der Diener, ist es der . . . Nein, ich kann es nicht glauben. . . nicht das rote Blut der Männlichkeit und der Freiheit. . . nicht das demokratische Ideal. . ."

Er sprang aufgeregt auf, und im selben Moment ertönte ein Donnergrollen durch das Gitter dahinter. Der Sturm war gebrochen und mit ihm erstrahlte ein neues Licht in seinem Geist. Gleich könnte noch etwas anderes passieren.

"Weißt du, was das bedeutet?" er weinte. „Es bedeutet, dass Gott selbst eine Kerze hält, um mir dein höllisches Gesicht zu zeigen."

Dann ertönte im nächsten Moment ein Donnerschlag; Doch bevor der Donner einsetzte, erfüllte für den Bruchteil einer Sekunde ein weißes Licht den ganzen Raum.

Fisher hatte zwei Dinge vor sich gesehen. Das eine war das schwarz-weiße Muster des Eisengitters vor dem Himmel; das andere war das Gesicht in der Ecke. Es war das Gesicht seines Bruders.

Über Horne Fishers Lippen kam nichts außer einem Vornamen, dem eine Stille folgte, die schrecklicher war als die Dunkelheit. Schließlich bewegte sich die andere Gestalt und sprang auf, und die Stimme von Harry Fisher war zum ersten Mal in diesem schrecklichen Raum zu hören.

„Du hast mich wohl gesehen", sagte er, „und wir können jetzt genauso gut Feuer machen." Du hättest es jederzeit einschalten können, wenn du den Schalter gefunden hättest."

Er drückte einen Knopf in der Wand und alle Details dieses Raumes tauchten in etwas Stärkeres als Tageslicht auf. Tatsächlich waren die Details so unerwartet, dass sie den Gefangenen für einen Moment von der letzten persönlichen Offenbarung ablenkten. Der Raum war weit davon entfernt, eine Kerkerzelle zu sein, sondern ähnelte eher einem Salon, sogar dem Salon einer Dame, mit Ausnahme einiger Kisten mit Zigarren und Flaschen Wein, die zusammen mit Büchern und Zeitschriften auf einem Beistelltisch gestapelt waren. Ein zweiter Blick zeigte ihm, dass die eher maskuline Ausstattung recht neu und der eher feminine Hintergrund recht alt war. Sein Blick fiel auf einen Streifen verblassten Wandteppichs, der ihn zum Reden brachte und ihn für einen Moment über größere Dinge vergaß.

„Dieser Ort wurde vom großen Haus aus eingerichtet", sagte er.

„Ja", antwortete der andere, „und ich denke, Sie wissen warum."

„Das glaube ich", sagte Horne Fisher, „und bevor ich zu außergewöhnlicheren Dingen übergehe, werde ich sagen, was ich denke." Squire Hawker spielte sowohl den Bigamisten als auch den Banditen. Seine erste Frau war noch nicht tot, als er die Jüdin heiratete; Sie war auf dieser Insel eingesperrt. Sie gebar ihm hier ein Kind, das jetzt unter dem Namen Long Adam in seinem Geburtsort geistert. Ein Insolvenzverwalter namens Werner entdeckte das Geheimnis und erpresste den Gutsbesitzer, das Anwesen abzugeben. Das ist alles ganz klar und sehr einfach. Und jetzt möchte ich zu etwas Schwierigerem übergehen. Und das ist deine Aufgabe, um zu erklären, was zum Teufel du tust, indem du deinen geborenen Bruder entführst."

Nach einer Pause antwortete Henry Fisher:

„Ich nehme an, Sie haben nicht damit gerechnet, mich zu sehen", sagte er. „Aber was könnte man schließlich erwarten?"

„Ich fürchte, ich folge nicht", sagte Horne Fisher.

„Ich meine, was könnte man sonst noch erwarten, nachdem man so einen Mist draus gemacht hat?" sagte sein Bruder mürrisch. „Wir dachten alle, du wärst so schlau. Wie konnten wir wissen, dass du – nun ja, wirklich so ein schrecklicher Versager sein würdest?"

„Das ist ziemlich merkwürdig", sagte der Kandidat stirnrunzelnd. „Ohne Eitelkeit hatte ich nicht den Eindruck, dass meine Kandidatur ein Misserfolg war. Alle großen Treffen waren erfolgreich und viele Menschen haben mir Stimmen versprochen."

„Das glaube ich sehr wohl", sagte Henry grimmig. „Sie haben einen Erdrutsch gemacht mit Ihren verfluchten Äckern und einer Kuh, und Verner kann kaum irgendwo eine Stimme bekommen. Oh, es ist zu faul für alles!"

„Was zum Teufel meinst du?"

„Na, du Wahnsinniger", rief Henry mit klingender Aufrichtigkeit, „du glaubst nicht, dass du dazu bestimmt warst, den Sitz zu *gewinnen* , oder? Oh, das ist zu kindisch! Ich sage Ihnen, Verner muss rein. Natürlich muss er rein. Er muss in der nächsten Sitzung das Finanzamt befragen, und da ist noch die ägyptische Anleihe und Gott weiß, was sonst noch. Wir wollten nur, dass Sie die Reformabstimmung aufteilen, weil es zu Unfällen kommen könnte, nachdem Hughes in Barkington einen Punktestand erzielt hatte ."

„Ich verstehe", sagte Fisher, „und Sie sind meiner Meinung nach eine Säule und ein Schmuckstück der Reformpartei." Wie Sie sagen, ich bin nicht schlau."

Der Appell an die Parteitreue stieß auf taube Ohren; denn die Säule der Reform grübelte über andere Dinge. Schließlich sagte er mit noch unruhigerer Stimme :

„Ich wollte nicht, dass du mich erwischst; Ich wusste, dass es ein Schock sein würde. Aber ich sag dir was, du hättest mich nie erwischt, wenn ich nicht selbst hierher gekommen wäre, um sicherzustellen, dass sie dich nicht schlecht behandeln und um sicherzustellen, dass alles so angenehm wie möglich ist." Es gab sogar eine Art Bruch in seiner Stimme, als er hinzufügte: „Ich habe diese Zigarren gekauft, weil ich wusste, dass sie dir gefallen."

Emotionen sind seltsame Dinge, und die Idiotie dieses Zugeständnisses milderte Horne Fisher plötzlich wie ein unfassbares Pathos.

„Macht nichts, alter Junge", sagte er; „Mehr sagen wir dazu nicht. Ich gebe zu, dass Sie wirklich ein ebenso gutherziger und liebevoller Schurke und Heuchler sind, wie er sich jemals dazu bereit erklärt hat, sein Land zu ruinieren. Hübscher kann ich es nicht sagen. Danke für die Zigarren, alter Mann. Ich nehme eins, wenn es dir nichts ausmacht."

Als Horne Fisher damit fertig war, Harold March diese Geschichte zu erzählen, waren sie in einen der öffentlichen Parks gegangen und hatten auf einer Anhöhe Platz genommen, von der aus sie weite Grünflächen unter einem blauen, leeren Himmel überblicken konnten. und da war etwas Unpassendes in den Worten, mit denen die Erzählung endete.

„Ich bin seitdem in diesem Raum", sagte Horne Fisher. „Ich bin jetzt drin. Ich habe die Wahl gewonnen, bin aber nie ins Repräsentantenhaus gegangen. Mein Leben war ein Leben in diesem kleinen Raum auf dieser einsamen Insel. Viele Bücher und Zigarren und Luxusgüter, viel Wissen, Interesse und Informationen, aber nie eine Stimme aus diesem Grab, die die Welt da draußen erreichen könnte. Ich werde dort wahrscheinlich sterben." Und er lächelte, als er über den riesigen grünen Park zum grauen Horizont blickte.

VIII. Die Rache der Statue

Auf der sonnigen Veranda eines Strandhotels mit Blick auf ein Muster aus Blumenbeeten und einem Streifen blauen Meeres hatten Horne Fisher und Harold March ihre letzte Erklärung, die man als Explosion bezeichnen könnte.

Harold March war an den kleinen Tisch gekommen und hatte sich mit einer gedämpften Erregung, die in seinen etwas trüben und verträumten blauen Augen schwelte, daran gesetzt. Die Zeitungen, die er von sich auf den Tisch warf, enthielten genug, um einige, wenn nicht alle seiner Gefühle zu erklären. Die öffentlichen Angelegenheiten in allen Abteilungen befanden sich in einer Krise. Der Regierung, die so lange bestand, dass die Menschen daran gewöhnt waren, wie sie an einen erblichen Despotismus gewöhnt sind, begann man Fehler und sogar finanziellen Missbrauch vorzuwerfen. Einige sagten, dass der Versuch, eine Bauernschaft im Westen Englands zu gründen, ganz im Sinne einer frühen Idee von Horne Fisher, nur zu gefährlichen Streitigkeiten mit industriell geprägten Nachbarn geführt habe. Es gab insbesondere Beschwerden über die Misshandlung harmloser Ausländer, hauptsächlich Asiaten , die zufällig in den neuen wissenschaftlichen Werken an der Küste beschäftigt waren. Tatsächlich war die neue Macht, die in Sibirien entstanden war und von Japan und anderen mächtigen Verbündeten unterstützt wurde, geneigt, die Angelegenheit im Interesse ihrer vertriebenen Untertanen in Angriff zu nehmen; und es gab wilde Gespräche über Botschafter und Ultimaten. Aber etwas viel Ernsteres, im persönlichen Interesse von March selbst, schien sein Treffen mit seinem Freund mit einer Mischung aus Verlegenheit und Empörung zu erfüllen.

Vielleicht steigerte es seine Verärgerung darüber, dass die normalerweise träge Gestalt Fishers eine gewisse ungewöhnliche Lebendigkeit ausstrahlte. Das gewöhnliche Bild von ihm in Marchs Kopf war das eines blassen und kahlköpfigen Herrn, der sowohl vorzeitig alt als auch vorzeitig kahl zu sein schien. Man erinnerte sich an ihn als einen Mann, der die Meinung eines Pessimisten in der Sprache eines Faulenzers zum Ausdruck brachte. Selbst jetzt konnte sich March nicht sicher sein, ob es sich bei der Veränderung lediglich um eine Art Maskerade des Sonnenscheins handelte oder um den Effekt klarer Farben und klarer Umrisse, der bei der Parade eines Badeortes immer sichtbar ist und sich vom blauen Hintergrund des Meeres abhebt . Aber Fisher hatte eine Blume im Knopfloch, und sein Freund hätte schwören können, dass er seinen Stock mit fast der Prahlerei eines Kämpfers trug. Angesichts dieser Wolken, die sich über England zusammenzogen, schien der Pessimist der einzige Mann zu sein, der seinen eigenen Sonnenschein in sich trug.

„Sehen Sie", sagte Harold March unvermittelt, „Sie waren für mich ein unendlich guter Freund, und ich war noch nie so stolz auf eine Freundschaft; Aber es gibt etwas, das ich loswerden muss. Je mehr ich herausfand, desto weniger verstand ich, wie du das aushältst. Und ich sage dir, ich werde es nicht länger ertragen."

Horne Fisher blickte ihn ernst und aufmerksam an, als wäre er weit weg.

„Du weißt, dass ich dich immer gemocht habe", sagte Fisher leise, „aber ich respektiere dich auch, was nicht immer dasselbe ist." Sie können sich vielleicht vorstellen, dass ich viele Menschen mag, die ich nicht respektiere. Vielleicht ist es meine Tragödie, vielleicht ist es meine Schuld. Aber du bist ganz anders, und das verspreche ich dir: Ich werde niemals versuchen, dich als jemand zu halten, den man mag, um den Preis dafür, dass du nicht respektiert wirst."

„Ich weiß, dass Sie großmütig sind", sagte March nach einem Schweigen, „und dennoch tolerieren und verewigen Sie alles, was gemein ist." Dann, nach einem weiteren Schweigen, fügte er hinzu: „Erinnern Sie sich an unsere erste Begegnung, als Sie in der Angelegenheit des Ziels in diesem Bach gefischt haben? Und erinnerst du dich, dass du gesagt hast, dass es vielleicht doch nicht schaden würde, wenn ich das ganze Wirrwarr dieser Gesellschaft mit Dynamit in die Luft sprengen könnte?"

„Ja, und was ist damit?" fragte Fisher.

„Nur, dass ich es mit Dynamit in die Luft jagen werde", sagte Harold March, „und ich halte es für richtig, Sie fair zu warnen. Ich habe lange nicht geglaubt, dass es so schlimm ist , wie Sie es gesagt haben. Aber ich hatte nie das Gefühl, ich hätte das, was du wusstest, in Flaschenform packen können, vorausgesetzt, du wüsstest es wirklich. Kurz und gut: Ich habe ein Gewissen; Und jetzt habe ich endlich auch eine Chance. Mir wurde die Leitung einer großen unabhängigen Zeitung übertragen, mit freier Hand, und wir werden eine Kanonade gegen Korruption eröffnen."

„Das wird – Attwood sein, nehme ich an", sagte Fisher nachdenklich. "Holzhändler. Weiß viel über China."

„Er weiß viel über England", sagte March hartnäckig, „und jetzt weiß ich es auch, wir werden es nicht länger vertuschen." Die Menschen dieses Landes haben ein Recht darauf zu erfahren, wie sie regiert – oder besser gesagt: ruiniert werden. Der Kanzler sitzt in der Tasche der Geldverleiher und muss tun, was ihm gesagt wird; andernfalls ist er bankrott, und zwar in einer schlimmen Form, hinter der nichts als Karten und Schauspielerinnen stecken. Der Premierminister war im Benzinvertragsgeschäft tätig; Und zwar tief drin. Der Außenminister ist ein Wrack aus Alkohol und Drogen. Wenn Sie das deutlich über einen Mann sagen, der tausende Engländer umsonst in den Tod schicken könnte, werden Sie als persönlich bezeichnet. Wenn ein armer Lokführer betrunken ist und dreißig oder vierzig Menschen in den Tod schickt, beklagt sich niemand über die persönliche Belastung. Der Lokführer ist kein Mensch."

„Ich stimme Ihnen voll und ganz zu", sagte Fisher ruhig. „Du hast völlig recht."

„Wenn Sie mit uns einer Meinung sind, warum zum Teufel handeln Sie dann nicht mit uns?" forderte sein Freund. „Wenn du denkst, dass es richtig ist, warum tust du dann nicht das Richtige? Es ist schrecklich, sich vorzustellen, dass ein Mann mit Ihren Fähigkeiten einfach den Weg zur Reform blockiert."

„Wir haben oft darüber gesprochen", antwortete Fisher mit der gleichen Gelassenheit. „Der Premierminister ist der Freund meines Vaters. Der Außenminister hat meine Schwester geheiratet. Der Schatzkanzler ist mein Cousin ersten Grades. Ich erwähne die Genealogie gerade aus einem bestimmten Grund ausführlicher. Die Wahrheit ist, dass ich im Moment eine seltsame Art von Fröhlichkeit verspüre. Es sind nicht nur Sonne und Meer, Sir. Ich genieße ein Gefühl, das für mich völlig neu ist; ein glückliches Gefühl, an das ich mich noch nie erinnern kann."

„Was zum Teufel meinst du?"

„Ich bin stolz auf meine Familie", sagte Horne Fisher.

Harold March starrte ihn mit runden blauen Augen an und schien zu verwirrt, um überhaupt eine Frage zu stellen. Fisher lehnte sich in seiner lässigen Art in seinem Stuhl zurück und lächelte, während er fortfuhr.

„Schau her, mein Lieber. Lassen Sie mich der Reihe nach eine Frage stellen. Sie meinen, dass ich diese Dinge schon immer über meine unglücklichen Verwandten gewusst habe. Also habe ich. Glauben Sie, dass Attwood sie nicht immer gekannt hat? Glaubst du, er hat dich nicht immer als einen ehrlichen Mann gekannt, der diese Dinge sagen würde, wenn er die Gelegenheit dazu hätte? Warum nimmt Attwood Ihnen in diesem Moment, nach all den Jahren, den Maulkorb ab wie ein Hund? Ich weiß, warum er das tut; Ich weiß eine Menge Dinge, viel zu viele Dinge. Und deshalb bin ich, wie ich die Ehre habe zu bemerken, endlich stolz auf meine Familie."

"Aber warum?" wiederholte März eher schwach.

„Ich bin stolz auf den Kanzler, weil er gezockt hat, und auf den Außenminister, weil er getrunken hat, und auf den Premierminister, weil er eine Provision für einen Vertrag erhalten hat", sagte Fisher bestimmt. „Ich bin stolz auf sie, weil sie diese Dinge getan haben und dafür angeklagt werden können, und ich weiß, dass sie dafür angeklagt werden können, und stehe *für all das standhaft ein* ." Ich ziehe meinen Hut vor ihnen, weil sie sich der Erpressung widersetzen und sich weigern, ihr Land zu zerstören, um sich selbst zu retten. Ich grüße sie, als ob sie auf dem Schlachtfeld sterben würden."

Nach einer Pause fuhr er fort: „Und es wird auch ein Schlachtfeld sein und kein metaphorisches. Wir haben den ausländischen Finanziers so lange nachgegeben, dass es jetzt Krieg oder Ruin gibt. Sogar die Menschen, sogar die Landbevölkerung, beginnen zu ahnen, dass sie ruiniert werden. Das ist der Sinn der bedauerlichen Vorfälle in den Zeitungen."

„Was bedeuten die Verbrechen an den Orientalen?" fragte März.

„Die Bedeutung der Verbrechen gegen die Orientalen", antwortete Fisher, „besteht darin, dass die Finanziers chinesische Arbeitskräfte in dieses Land eingeführt haben, mit der bewussten Absicht, Arbeiter und Bauern in den Hungertod zu treiben." Unsere unglücklichen Politiker haben Zugeständnisse nach Zugeständnissen gemacht; Und jetzt fordern sie Zugeständnisse, die darauf hinauslaufen, dass wir ein Massaker an unseren eigenen Armen anordnen. Wenn wir jetzt nicht kämpfen, werden wir nie wieder kämpfen. Sie werden England in einer Woche wirtschaftlich in eine Hungersnot gebracht haben. Aber wir werden jetzt kämpfen; Ich würde mich nicht wundern, wenn es in einer Woche ein Ultimatum und in zwei Wochen eine Invasion gäbe. Die Korruption und Feigheit der Vergangenheit behindert uns natürlich; das westliche Land ist selbst im militärischen Sinne ziemlich stürmisch und zweifelhaft; und die dortigen irischen Regimenter, die uns nach dem neuen Vertrag unterstützen sollen, sind ziemlich in Aufruhr; Denn natürlich wird dieser höllische Kuli-Kapitalismus auch in Irland vorangetrieben. Aber es soll jetzt aufhören; Und wenn die beruhigende Botschaft der Regierung sie rechtzeitig erreicht, werden sie möglicherweise doch noch auftauchen, wenn der Feind landet. Denn meine arme alte Bande wird endlich standhalten. Natürlich ist es nur natürlich, dass, wenn sie ein halbes Jahrhundert lang als Vorbilder beschönigt wurden, ihre Sünden genau in dem Moment auf sie zurückfallen, in dem sie sich zum ersten Mal in ihrem Leben wie Männer benehmen. Nun, ich sage dir, March, ich kenne sie in- und auswendig; und ich weiß, dass sie sich wie Helden benehmen. Jeder von ihnen sollte eine Statue haben und auf dem Sockel Worte wie die des edelsten Raufbolds der Revolution: „Que." Mein Name ist fletri ; que la France soit libre.'"

"Guter Gott!" rief März, „sollten wir deinen Minen und Gegenminen nie auf den Grund gehen?"

Nach einer Weile antwortete Fisher mit leiserer Stimme und sah seinem Freund in die Augen.

„Haben Sie geglaubt, dass in ihnen nichts als das Böse steckt?" fragte er sanft. „Dachtest du, ich hätte in den tiefen Meeren, in die mich das Schicksal geworfen hat, nichts als Dreck gefunden? Glauben Sie mir, man weiß nie das Beste über Männer, bis man das Schlimmste über sie weiß. Es macht ihre seltsamen menschlichen Seelen nicht zunichte, wenn man weiß, dass sie der Welt als unglaublich makellose Wachsfiguren präsentiert wurden, die sich nie um eine Frau kümmerten oder die Bedeutung einer Bestechung kannten. Auch in einem Palast lässt es sich gut leben; und selbst in einem Parlament kann man das Leben mit gelegentlichen Bemühungen, es gut zu leben, leben. Ich sage Ihnen, das gilt für diese reichen Narren und Schurken ebenso wie für jeden armen Straßendieb und Taschendieb. dass nur Gott weiß, wie gut sie versucht haben zu sein. Gott allein weiß, was das Gewissen überleben kann und wie ein Mann, der seine Ehre verloren hat, trotzdem versuchen wird, seine Seele zu retten."

Es herrschte erneut Stille, und March saß da und starrte auf den Tisch und Fisher auf das Meer. Dann sprang Fisher plötzlich auf und ergriff Hut und Stock mit all seiner neuen Wachsamkeit und sogar Kampfeslust.

„Schau her, alter Kerl", rief er, „lass uns einen Handel machen. Bevor Sie Ihre Kampagne für Attwood starten, kommen Sie vorbei und bleiben Sie eine Woche bei uns, um zu erfahren, was wir wirklich tun. Ich meine mit den wenigen Treuen, die früher als „Old Gang" bekannt waren und gelegentlich auch als „Low Lot" bezeichnet wurden. Wir sind eigentlich nur zu fünft, die ganz fest dabei sind, die Landesverteidigung zu organisieren; und wir leben wie eine Garnison in einer Art heruntergekommenem Hotel in Kent. Kommen Sie und sehen Sie, was wir wirklich tun und was getan werden muss, und werden Sie uns gerecht. Und danach veröffentlichen Sie es mit unveränderlicher Liebe und Zuneigung zu Ihnen und seien Sie verdammt."

So kam es, dass Harold March in der letzten Woche vor dem Krieg, als sich die Ereignisse am schnellsten entwickelten, zu einer Art kleiner Hauspartei der Leute wurde, die er denunzieren wollte. Sie lebten einfach genug, für Menschen mit ihrem Geschmack, in einem alten Gasthaus aus braunem Backstein mit Efeuranken und eher düsteren Gärten. An der Rückseite des Gebäudes verlief der Garten sehr steil bis zu einer Straße entlang des darüber liegenden Bergrückens; und ein Zickzackpfad erklomm in scharfen Winkeln den Hang und wand sich zwischen immergrünen Pflanzen hin und her, die so düster waren, dass man sie eher als immerschwarz bezeichnen könnte . Hier und dort am Hang standen Statuen mit der kalten Monstrosität solch unbedeutender Verzierungen des 18. Jahrhunderts; und eine ganze Reihe von ihnen verlief wie auf einer Terrasse am letzten Ufer unten, gegenüber der Hintertür. Dieses Detail blieb March sofort im Gedächtnis haften, nur weil es in dem ersten Gespräch auftauchte , das er mit einem der Kabinettsminister führte.

Die Kabinettsminister waren etwas älter, als er erwartet hatte. Der Premierminister sah nicht mehr wie ein Junge aus, obwohl er immer noch ein wenig wie ein Baby aussah. Aber es war eines dieser alten und ehrwürdigen Babys, und das Baby hatte weiches graues Haar. Alles an ihm war sanft, seine Sprache und sein Gang; aber darüber hinaus schien seine Hauptaufgabe der Schlaf zu sein. Menschen, die mit ihm allein blieben, gewöhnten sich so sehr daran, dass seine Augen geschlossen waren, dass sie fast erschraken, als sie in der Stille bemerkten, dass die Augen weit geöffnet waren und ihn sogar beobachteten. Zumindest eines würde den alten Herrn immer dazu bringen, die Augen zu öffnen. Das Einzige, was ihm in dieser Welt wirklich am Herzen lag, war sein Hobby für gepanzerte Waffen, insbesondere für orientalische Waffen, und er redete stundenlang über Damaskus-Klingen und arabische Schwertkunst . Lord James Herries , der Schatzkanzler, war ein kleiner, dunkler, kräftiger Mann mit einem sehr blassen Gesicht und einem sehr mürrischen Auftreten, das im Kontrast zu der prächtigen Blume in seinem Knopfloch und seinem festlichen Trick stand, immer leicht overdressed zu sein. Es war eine Art Euphemismus, ihn als einen bekannten Mann der Stadt zu bezeichnen. Vielleicht war die Frage, wie ein Mann, der für das Vergnügen lebte, so wenig Freude daran zu haben schien, vielleicht noch rätselhafter. Sir David Archer, der Außenminister, war der einzige von ihnen, der ein Selfmademan war, und der einzige von ihnen, der wie ein Aristokrat aussah. Er war groß und dünn und sehr gutaussehend, mit einem ergrauten Bart; Sein graues Haar war sehr lockig und stand vorne sogar in zwei widerspenstigen Locken auf, die für den Fantasievollen zu zittern schienen wie die Fühler eines riesigen Insekts oder sich mitfühlend mit den unruhigen, gebüschelten Augenbrauen über seinen ziemlich hageren Augen zu bewegen. Denn der Außenminister machte keinen Hehl aus seinem etwas nervösen Zustand, was auch immer die Ursache dafür sein mochte.

„Kennen Sie diese Stimmung, wenn man schreien könnte, weil eine Matte schief ist?" sagte er zu March, während sie im Hintergarten unterhalb der Reihe schmuddeliger Statuen auf und ab gingen. „Frauen lassen sich darauf ein, wenn sie zu hart gearbeitet haben; und ich habe in letzter Zeit natürlich ziemlich hart gearbeitet. Es macht mich wahnsinnig, wenn Herries seinen Hut etwas schief trägt – die Angewohnheit, wie ein schwuler Hund auszusehen. Irgendwann, ich schwöre, werde ich Schluss machen. Die Britannia-Statue dort drüben steht nicht ganz gerade; es ragt ein wenig nach vorne, als ob die Dame umfallen würde. Das Verdammte ist, dass es nicht umkippt und damit fertig ist. Sehen Sie, es ist mit einer Eisenstütze festgeklemmt. Seien Sie nicht überrascht, wenn ich mitten in der Nacht aufstehe, um den Berg hinunterzuwandern."

Sie gingen einige Augenblicke schweigend auf und ab, dann ging er weiter. „Es ist seltsam, dass diese kleinen Dinge besonders groß erscheinen, wenn es um größere Dinge geht, um die man sich Sorgen machen muss. Wir sollten besser reingehen und etwas arbeiten."

Horne Fisher berücksichtigte offensichtlich alle neurotischen Möglichkeiten von Archer und die ausschweifenden Gewohnheiten von Herries ; und was auch immer sein Vertrauen in ihre gegenwärtige Standhaftigkeit sein mochte, es beanspruchte ihre Zeit und Aufmerksamkeit nicht übermäßig, selbst im Fall des Premierministers. Er hatte schließlich dessen Zustimmung erhalten, die wichtigen Dokumente mit den Befehlen an die westlichen Armeen einer weniger auffälligen und solideren Person zu übergeben – einem Onkel von ihm namens Horne Hewitt, einem eher farblosen Landjunker der ein guter Soldat gewesen war und der militärische Berater des Komitees war. Ihm wurde die Aufgabe übertragen, das Versprechen der Regierung zusammen mit den abgestimmten Militärplänen an das halb aufständische Oberkommando im Westen zu beschleunigen; und die noch dringlichere Aufgabe, dafür zu sorgen, dass es nicht in die Hände des Feindes fiel, der jeden Moment aus dem Osten auftauchen könnte. Außer diesem Militärbeamten war als einzige Person noch ein Polizeibeamter anwesend, ein gewisser Doktor Prince, ursprünglich Polizeichirurg und jetzt ein angesehener Detektiv, der als Leibwächter der Gruppe entsandt wurde. Er war ein Mann mit eckigem Gesicht, großer Brille und einer Grimasse, die die Absicht zum Ausdruck brachte, den Mund zu halten. Niemand sonst teilte ihre Gefangenschaft außer dem Hotelbesitzer, einem mürrischen Mann aus Kent mit einem Holzapfelgesicht, einem oder zwei seiner Diener und einem weiteren Diener, der privat Lord James Herries angehörte . Es war ein junger Schotte namens Campbell, der mit seinem kastanienbraunen Haar und einem langen, finsteren Gesicht und großen, aber feinen Gesichtszügen viel vornehmer aussah als sein gallig aussehender Herr. Er war wahrscheinlich der einzige wirklich effiziente Mensch im Haus.

Nach etwa vier Tagen des informellen Rats hatte March eine Art groteske Erhabenheit gegenüber diesen zweifelhaften Gestalten empfunden, die im Zwielicht der Gefahr trotzig waren, als wären sie Bucklige und Krüppel, die allein gelassen wurden, um eine Stadt zu verteidigen. Alle arbeiteten hart; und er selbst schaute auf, als er in einem Privatzimmer gerade eine Seite mit Memoranden schrieb, und sah Horne Fisher in der Tür stehen, gekleidet wie für eine Reise. Er fand, dass Fisher ein wenig blass aussah; und nach einem Moment schloss dieser Herr die Tür hinter sich und sagte leise:

„Nun, das Schlimmste ist passiert. Oder fast das Schlimmste."

„Der Feind ist gelandet", rief March und sprang aus seinem Stuhl.

„Oh, ich wusste, dass der Feind landen würde", sagte Fisher gelassen. „Ja, er ist gelandet; aber das ist nicht das Schlimmste, was passieren könnte. Das Schlimmste ist, dass es sogar aus unserer Festung ein Leck gibt. Es war ein kleiner Schock für mich, das kann ich Ihnen sagen; obwohl ich denke, dass es unlogisch ist. Schließlich war ich voller Bewunderung, drei ehrliche Männer in der Politik zu finden. Ich sollte mich nicht wundern, wenn ich nur zwei finde."

Er überlegte einen Moment und sagte dann so, dass March kaum erkennen konnte, ob er das Thema wechselte oder nicht:

„Zuerst ist es schwer zu glauben, dass ein Kerl wie Herries , der sich wie Essig in Laster versunken hatte, noch Skrupel haben kann. Aber dabei ist mir etwas Merkwürdiges aufgefallen. Patriotismus ist nicht die erste Tugend. Patriotismus verrottet zum Preußentum , wenn man so tut, als sei er die erste Tugend. Aber Patriotismus ist manchmal die letzte Tugend. Ein Mann wird betrügen oder verführen, der sein Land nicht verkaufen will. Aber wer weiß?"

„Aber was ist zu tun?" rief März empört.

„Mein Onkel hat die Papiere sicher genug", antwortete Fisher, „und schickt sie heute Abend nach Westen; Aber jemand versucht, von außen an sie heranzukommen, ich fürchte, mit der Hilfe von jemandem im Inneren. Im Moment kann ich nur versuchen, den Mann draußen abzuwehren; und ich muss jetzt weg und es tun. Ich werde in ungefähr vierundzwanzig Stunden zurück sein. Ich möchte, dass Sie während meiner Abwesenheit ein Auge auf diese Leute haben und herausfinden, was Sie können. Auf Wiedersehen." Er verschwand die Treppe hinunter; und vom Fenster aus konnte March sehen, wie er auf ein Motorrad stieg und in Richtung der Nachbarstadt davonfuhr.

Am nächsten Morgen saß March auf der Fensterbank der alten Gaststube, die mit Eichenholz getäfelt und normalerweise ziemlich dunkel war; aber bei dieser Gelegenheit war es erfüllt vom weißen Licht eines merkwürdig klaren Morgens — der Mond hatte in den letzten zwei oder drei Nächten strahlend geleuchtet. Er selbst befand sich etwas im Schatten in der Ecke des Fensterplatzes; und Lord James Herries , der hastig aus dem Garten dahinter kam, sah ihn nicht. Lord James umklammerte die Rückenlehne eines Stuhls, als wolle er sich stützen, setzte sich abrupt an den Tisch, übersät mit der letzten Mahlzeit, schenkte sich ein Glas Brandy ein und trank es aus. Er saß mit dem Rücken zu March da, aber sein gelbes Gesicht erschien in einem runden Spiegel dahinter und hatte den Anschein einer schrecklichen Krankheit. Als March sich bewegte, zuckte er heftig zusammen und drehte sich um.

"Mein Gott!" Er rief: „Hast du gesehen, was draußen ist?"

"Draußen?" wiederholte der andere und warf einen Blick über die Schulter in den Garten.

„Oh, geh und sieh selbst", schrie Herries mit einer Art Wut. „Hewitt wurde ermordet und seine Papiere gestohlen, das ist alles."

Er drehte sich wieder um und setzte sich mit einem dumpfen Aufschlag hin; seine breiten Schultern zitterten. Harold March stürzte aus der Tür in den Hintergarten mit seinem steilen Hang voller Statuen.

Das erste, was er sah, war Doktor Prince, der Detektiv, der durch seine Brille auf etwas am Boden blickte; Das zweite war das Ding, auf das er starrte. Selbst nach den sensationellen Neuigkeiten, die er drinnen gehört hatte, war der Anblick eine Sensation.

Das monströse Steinbild von Britannia lag bäuchlings und mit dem Gesicht nach unten auf dem Gartenweg; Und da ragten willkürlich darunter hervor, wie die Beine einer zerschmetterten Fliege, ein Arm in einem weißen Hemdsärmel und ein Bein in einer Khakihose und Haare in dem unverkennbaren Sandgrau, das Horne Fishers unglücklichem Onkel gehörte. Es gab Blutlachen und die Gliedmaßen waren vom Tod ziemlich steif.

„Könnte das nicht ein Unfall gewesen sein?" sagte März und fand endlich Worte.

„Sehen Sie selbst, sage ich", wiederholte die raue Stimme von Herries , der ihm mit unruhigen Bewegungen zur Tür hinaus gefolgt war. „Die Papiere sind weg, das sage ich dir. Der Kerl riss der Leiche den Mantel ab und schnitt die Papiere aus der Innentasche. Da drüben am Ufer liegt der Mantel mit dem großen Schnitt darin."

„Aber warten Sie mal", sagte der Detektiv Prince leise. „In diesem Fall scheint es so etwas wie ein Rätsel zu geben. Einem Mörder könnte es irgendwie gelungen sein, die Statue auf ihn zu stürzen, was ihm offenbar gelungen ist. Aber ich wette, er hätte es nicht so einfach wieder hochheben können. Ich habe es versucht; und ich bin mir sicher, dass es mindestens drei Männer brauchen würde. Dennoch müssen wir aufgrund dieser Theorie annehmen, dass der Mörder ihn im Vorbeigehen zunächst niedergeschlagen hat, indem er die Statue als Steinkeule benutzte, sie dann wieder hochhob, ihn herausholte und ihm seinen Mantel entzog und ihn dann wieder zurücksetzte in der Haltung des Todes und ersetzte die Statue ordentlich. Ich sage Ihnen, es ist physikalisch unmöglich. Und wie hätte er sonst einen Mann ausziehen können, der mit diesem Steinmonument bedeckt war? Es ist schlimmer als der Trick des Zauberers, wenn ein Mann mit gefesselten Handgelenken einen Mantel auszieht."

„Könnte er die Statue niedergeworfen haben, nachdem er die Leiche ausgezogen hatte?" fragte März.

"Und warum?" fragte Prince scharf. „Wenn er seinen Mann getötet und seine Papiere bekommen hätte, wäre er weg wie der Wind. Er würde nicht in einem Garten herumwerkeln und die Sockel von Statuen ausgraben. Außerdem – Hallo, wer ist das da oben?"

Hoch oben auf dem Bergrücken über ihnen war in dunklen, dünnen Linien vor dem Himmel eine Gestalt zu sehen, die so lang und schlank aussah, dass sie fast wie eine Spinne wirkte. Die dunkle Silhouette des Kopfes zeigte zwei kleine Büschel wie Hörner; und sie hätten fast schwören können, dass sich die Hörner bewegten.

"Bogenschütze!" schrie Herries mit plötzlicher Leidenschaft und rief ihm mit Flüchen zu, er solle herunterkommen. Beim ersten Schrei wich die Gestalt mit einer aufgeregten Bewegung zurück, die so abrupt war, dass man es fast als Possen bezeichnen konnte. Im nächsten Moment schien der Mann es sich noch einmal zu überlegen und sich zu sammeln und begann, den zickzackförmigen Gartenweg entlangzulaufen, allerdings mit offensichtlichem Widerwillen, wobei seine Füße in immer langsamerem Rhythmus nach unten gingen. Die Sätze, die dieser Mann selbst verwendet hatte, gingen March durch den Kopf, als er mitten in der Nacht verrückt wurde und die Steinfigur zerstörte. Nur damit, so konnte er sich vorstellen, der Verrückte, der so etwas getan hatte, in dieser fieberhaften Tanzweise den Gipfel des Hügels erklimmen und auf das Wrack hinunterblicken könnte, das er angerichtet hatte. Aber das Wrack, das er hier angerichtet hatte, war nicht nur ein Wrack aus Stein.

Als der Mann schließlich den Gartenweg betrat, mit dem vollen Licht auf seinem Gesicht und seiner Figur, ging er tatsächlich langsam, aber leicht und ohne den Anschein von Angst.

„Das ist eine schreckliche Sache", sagte er. „Ich habe es von oben gesehen; Ich habe einen Spaziergang entlang des Bergrückens gemacht."

„Meinst du, dass du den Mord gesehen hast?" fragte March, „oder der Unfall? Ich meine, hast du die Statue fallen sehen?"

„Nein", sagte Archer, „ich meine, ich habe gesehen, wie die Statue gefallen ist."

Prince schien ihm kaum Aufmerksamkeit zu schenken; Sein Blick war auf einen Gegenstand gerichtet, der ein oder zwei Meter von der Leiche entfernt auf dem Weg lag. Es schien eine rostige Eisenstange zu sein, die an einem Ende schief gebogen war.

„Eine Sache, die ich nicht verstehe", sagte er, „ist dieses ganze Blut. Der Schädel des armen Kerls ist nicht zerschlagen; höchstwahrscheinlich ist sein Genick gebrochen; aber Blut schien herausgespritzt zu sein, als ob alle seine

Arterien durchtrennt wären. Ich habe mich gefragt, ob es sich um ein anderes Instrument handelt. . . das Eisending zum Beispiel; aber ich glaube nicht, dass selbst das scharf genug ist. Ich nehme an, niemand weiß, was es ist."

„Ich weiß, was es ist", sagte Archer mit seiner tiefen, aber etwas zittrigen Stimme. „Ich habe es in meinen Albträumen gesehen. Ich nehme an, es war die eiserne Klammer oder Stütze am Sockel, die festgeklebt war, um das elende Bild aufrecht zu halten, als es zu wackeln begann. Jedenfalls steckte es dort immer im Mauerwerk fest; und ich nehme an, es kam heraus, als das Ding zusammenbrach."

Doktor Prince nickte, blickte aber weiterhin auf die Blutlachen und die Eisenstange.

„Ich bin mir sicher, dass hinter all dem noch etwas steckt", sagte er schließlich. „Vielleicht etwas mehr unter der Statue. Ich habe eine große Vermutung, dass es so etwas gibt. Wir sind jetzt vier Männer und zusammen können wir diesen großen Grabstein dort hochheben."

Sie alle haben ihre Kraft dem Geschäft gewidmet; Bis auf schweres Atmen herrschte Stille; und dann, nach einem Moment des Wankens und Taumelns von acht Beinen, wurde die große geschnitzte Felssäule weggerollt, und der in Hemd und Hose liegende Körper kam vollständig zum Vorschein. Die Brille von Doktor Prince schien sich mit einem zurückhaltenden Glanz fast zu vergrößern wie große Augen; denn auch andere Dinge wurden offenbart. Einer davon war, dass der unglückliche Hewitt einen tiefen Schnitt an der Halsschlagader hatte, den der triumphierende Arzt sofort als mit einer scharfen Stahlschneide, die einem Rasiermesser ähnelte, identifizierte. Das andere war, dass direkt unter der Bank drei glänzende Stahlfetzen verstreut lagen, jedes fast einen Fuß lang, eines spitz und das andere in einen prachtvoll juwelenbesetzten Griff oder Griff eingepasst. Es handelte sich offensichtlich um eine Art langes orientalisches Messer, lang genug, um als Schwert bezeichnet zu werden, aber mit einer seltsam gewellten Schneide; und an der Spitze war ein oder zwei Tropfen Blut.

„Ich hätte mit mehr Blut rechnen sollen, kaum auf den Punkt gebracht", bemerkte Doktor Prince nachdenklich, „aber das ist sicherlich das Instrument. Der Schnitt wurde sicherlich mit einer so geformten Waffe gemacht, und wahrscheinlich auch der Schnitt in die Tasche. Ich nehme an, der Unmensch hat die Statue hineingeworfen, um ihm ein öffentliches Begräbnis zu ermöglichen."

März antwortete nicht; Er war fasziniert von den seltsamen Steinen, die auf dem seltsamen Schwertgriff glitzerten. und ihre mögliche Bedeutung breitete sich über ihm aus wie eine schreckliche Morgendämmerung. Es war eine merkwürdige asiatische Waffe. Er wusste, welcher Name in seiner

Erinnerung mit seltsamen asiatischen Waffen verbunden war. Lord James sprach seinen geheimen Gedanken für ihn aus, und doch erschreckte er ihn wie etwas Belangloses.

„Wo ist der Premierminister?" Herries hatte plötzlich geweint und irgendwie wie das Bellen eines Hundes bei einer Entdeckung.

Doktor Prince richtete seine Brille und sein grimmiges Gesicht auf ihn; und es war düsterer als je zuvor.

„Ich kann ihn nirgendwo finden", sagte er. „Ich habe sofort nach ihm gesucht, als ich feststellte, dass die Papiere weg waren. Ihr Diener Campbell hat eine äußerst effiziente Suche durchgeführt, aber es gibt keine Spuren."

Es entstand eine lange Stille, an deren Ende Herries einen weiteren Schrei ausstieß, allerdings in einem völlig neuen Ton.

„Nun, du brauchst ihn nicht länger zu suchen", sagte er, „denn hier kommt er, zusammen mit deinem Freund Fisher. Sie sehen aus, als wären sie für einen kleinen Rundgang gewesen."

Die beiden Gestalten, die sich den Weg hinauf näherten, waren in der Tat die von Fisher, der vom Schmutz der Reise bespritzt war und auf einer Seite seiner kahlen Stirn einen Kratzer wie ein Brombeerstrauch trug, und von dem großen, grauhaarigen Staatsmann, der wie ein Baby aussah und interessierte sich für östliche Schwerter und Schwertkunst . Aber abgesehen von dieser körperlichen Erkennung konnte sich March weder ein Bild von ihrer Anwesenheit noch von ihrem Verhalten machen, was dem ganzen Albtraum den letzten Schliff von Unsinn zu geben schien. Je genauer er sie beobachtete, während sie den Enthüllungen des Detektivs lauschten, desto verwirrter war er über ihre Haltung – Fisher schien über den Tod seines Onkels traurig zu sein, war aber kaum schockiert darüber; Der ältere Mann schien fast offen über etwas anderes nachzudenken und hatte trotz der ungeheuren Bedeutung der von ihm gestohlenen Dokumente nichts über eine weitere Verfolgung des flüchtigen Spions und Mörders zu sagen. Als der Detektiv losgezogen war, um sich mit dieser Abteilung des Geschäfts zu beschäftigen, anzurufen und seinen Bericht zu schreiben, als Herries zurückgekehrt war, wahrscheinlich zur Brandyflasche, und der Premierminister gemächlich zu einem bequemen Sessel in einem anderen Teil geschlendert war über den Garten sprach Horne Fisher direkt mit Harold March.

„Mein Freund", sagte er, „ich möchte, dass du sofort mit mir kommst; Es gibt niemanden, dem ich so sehr vertrauen kann. Die Reise wird uns fast den ganzen Tag dauern, und die Hauptgeschäfte können erst bei Einbruch der Dunkelheit erledigt werden. So können wir die Dinge unterwegs gründlich besprechen. Aber ich möchte, dass du bei mir bist; denn ich glaube eher, dass es meine Stunde ist."

March und Fisher hatten beide Motorräder; und die erste Hälfte ihrer Tagesreise bestand darin, inmitten des gesprächigen Lärms dieser unbequemen Motoren ostwärts zu rollen. Doch als sie hinter Canterbury in die Ebenen von Ost-Kent gelangten, hielt Fisher an einem hübschen kleinen Wirtshaus an einem verschlafenen Bach an; und sie setzten sich nieder, um zu essen und zu trinken und fast zum ersten Mal zu reden. Es war ein strahlender Nachmittag, die Vögel sangen im Wald dahinter und die Sonne schien voll auf ihre Bierbank und ihren Biertisch; Aber das Gesicht von Fisher im starken Sonnenlicht hatte eine noch nie dagewesene Schwerkraft.

„Bevor wir weitermachen", sagte er, „müssen Sie etwas wissen. Sie und ich haben schon einige mysteriöse Dinge gesehen und sind ihnen schon einmal auf den Grund gegangen; Und es ist nur richtig, dass Sie dieser Sache auf den Grund gehen. Aber bei der Aufarbeitung des Todes meines Onkels muss ich am anderen Ende beginnen, wo unsere alten Detektivgeschichten begonnen haben. Ich werde Ihnen gleich die Schritte der Deduktion erläutern, wenn Sie sie anhören möchten; aber ich bin nicht durch deduktive Schritte zur Wahrheit gelangt. Ich werde Ihnen zunächst die Wahrheit selbst sagen, weil ich die Wahrheit von Anfang an kannte. Die anderen Fälle habe ich von außen angegangen, aber in diesem Fall war ich drinnen. Ich selbst war der Kern und das Zentrum von allem."

Etwas in den herabhängenden Augenlidern und den ernsten grauen Augen des Redners erschütterte March plötzlich in seinen Grundfesten; und er schrie zerstreut: „Ich verstehe nicht!" wie Männer es tun, wenn sie befürchten, dass sie es verstehen. Eine Zeit lang war kein Laut zu hören außer dem fröhlichen Zwitschern der Vögel, und dann sagte Horne Fisher ruhig:

„Ich war es, der meinen Onkel getötet hat. Wenn Sie besonders mehr wollen: Ich war es, der ihm die Staatspapiere gestohlen hat."

"Fischer!" rief sein Freund mit erstickter Stimme.

„Lassen Sie mich Ihnen das Ganze erzählen, bevor wir uns trennen", fuhr der andere fort, „und lassen Sie es mich der Klarheit halber so formulieren, wie wir es früher mit unseren alten Problemen zu sagen pflegten. Es gibt doch zwei Dinge, die den Menschen bei diesem Problem Rätsel aufgeben, nicht wahr? Das erste ist, wie es dem Mörder gelang, dem Toten den Mantel auszuziehen, als er bereits mit diesem steinernen Inkubus am Boden festgenagelt war. Das andere, das viel kleiner und weniger rätselhaft ist, ist die Tatsache, dass das Schwert, das ihm die Kehle durchschnitt, an der Spitze leicht fleckig war, statt dass es an der Schneide deutlich stärker fleckig war. Nun, die erste Frage kann ich problemlos beantworten. Horne Hewitt zog seinen eigenen Mantel aus, bevor er getötet wurde. Ich könnte sagen, er hat seinen Mantel ausgezogen, um getötet zu werden."

„Nennen Sie das eine Erklärung?" rief März aus. „Die Worte scheinen bedeutungsloser zu sein als die Fakten."

„Nun, lasst uns zu den anderen Fakten übergehen", fuhr Fisher gleichmütig fort. „Der Grund dafür, dass ein bestimmtes Schwert an der Schneide nicht mit Hewitts Blut befleckt ist, liegt darin, dass es nicht dazu verwendet wurde, Hewitt zu töten."

„Aber der Arzt", protestierte March, „erklärte eindeutig, dass die Wunde von diesem bestimmten Schwert verursacht wurde."

„Ich bitte um Verzeihung", antwortete Fisher. „Er hat nicht erklärt, dass es von diesem bestimmten Schwert hergestellt wurde. Er erklärte, es sei von einem Schwert dieses besonderen Musters hergestellt worden."

„Aber es war ein ziemlich seltsames und außergewöhnliches Muster", argumentierte March; „Sicher ist es ein viel zu fantastischer Zufall, um sich das vorzustellen —"

„Es war ein fantastischer Zufall", sagte Horne Fisher. „Es ist außergewöhnlich, welche Zufälle manchmal passieren. Durch den seltsamsten Zufall der Welt, durch eine Chance von einer Million, befand sich zur gleichen Zeit ein anderes Schwert mit genau derselben Form im selben Garten. Das lässt sich teilweise damit erklären, dass ich beide selbst in den Garten gebracht habe . . . Komm, mein lieber Freund; Sicherlich können Sie jetzt erkennen, was es bedeutet. Fügen Sie diese beiden Dinge zusammen; Es gab zwei doppelte Schwerter und er zog seinen Mantel für sich selbst aus. Vielleicht hilft es Ihren Spekulationen, sich daran zu erinnern, dass ich nicht gerade ein Attentäter bin."

„Ein Duell!" rief März aus und erholte sich. „ Natürlich hätte ich daran denken sollen. Aber wer war der Spion, der die Papiere gestohlen hat?"

„Mein Onkel war der Spion, der die Papiere gestohlen hat", antwortete Fisher, „oder der versucht hat, die Papiere zu stehlen, als ich ihn aufgehalten habe — auf die einzige Art und Weise, die mir möglich war." Die Papiere, die nach Westen hätten gehen sollen, um unsere Freunde zu beruhigen und ihnen Pläne zur Abwehr der Invasion zu geben, wären in wenigen Stunden in den Händen des Eindringlings gewesen. Was könnte ich tuen? Einen unserer Freunde in diesem Moment denunziert zu haben, hätte Ihrem Freund Attwood und der ganzen Gruppe von Panik und Sklaverei in die Hände gespielt. Außerdem könnte es sein, dass ein Mann über vierzig den unterbewussten Wunsch verspürt, so zu sterben, wie er gelebt hat, und dass ich in gewisser Weise meine Geheimnisse mit ins Grab tragen wollte.

Vielleicht verhärtet sich ein Hobby mit zunehmendem Alter; und mein Hobby war Stille. Vielleicht habe ich das Gefühl, den Bruder meiner Mutter getötet zu haben, aber ich habe den Namen meiner Mutter gespeichert. Jedenfalls habe ich eine Zeit gewählt, in der ich wusste, dass ihr alle schlieft und er allein im Garten spazieren ging. Ich sah alle Steinstatuen im Mondlicht stehen; und ich selbst war wie eine dieser wandelnden Steinstatuen. Mit einer Stimme, die nicht meine eigene war, erzählte ich ihm von seinem Verrat und verlangte die Papiere; und als er sich weigerte, zwang ich ihn, eines der beiden Schwerter zu nehmen. Die Schwerter gehörten zu den Exemplaren, die zur Inspektion durch den Premierminister hierher geschickt wurden; er ist ein Sammler, wissen Sie; Sie waren die einzigen gleichwertigen Waffen, die ich finden konnte. Um es kurz zu machen: Wir kämpften dort auf dem Weg vor der Britannia-Statue; Er war ein Mann von großer Kraft, aber ich war in puncto Geschicklichkeit etwas im Vorteil. Sein Schwert streifte meine Stirn fast in dem Moment, als meins in seinem Nackengelenk versank. Er fiel gegen die Statue, wie Cäsar gegen Pompeius, und hielt sich an der Eisenschiene fest; sein Schwert war bereits zerbrochen. Als ich das Blut aus dieser tödlichen Wunde sah, verlor ich alles andere; Ich ließ mein Schwert fallen und rannte los, als wollte ich ihn hochheben. Als ich mich zu ihm beugte, geschah etwas zu schnell, als dass ich ihm folgen konnte. Ich weiß nicht, ob die Eisenstange durch Rost verfault war und sich in seiner Hand löste, oder ob er sie mit seiner affengleichen Kraft aus dem Felsen gerissen hat; aber das Ding war in seiner Hand und mit seiner sterbenden Energie schwang er es über meinen Kopf, während ich dort unbewaffnet neben ihm kniete. Ich schaute wild nach oben, um dem Schlag auszuweichen, und sah über uns die große Masse von Britannia, die sich wie die Galionsfigur eines Schiffes nach außen neigte. Im nächsten Augenblick sah ich, dass es sich ein oder zwei Zoll mehr neigte als sonst, und der gesamte Himmel mit seinen herausragenden Sternen schien sich mit ihm zu neigen. Für die dritte Sekunde war es, als würde der Himmel einstürzen; und im vierten stand ich im stillen Garten und blickte auf die flache Ruine aus Stein und Knochen hinunter, die Sie heute betrachteten. Er hatte die letzte Stütze herausgerissen, die die britische Göttin stützte, und sie war gestürzt und hatte den Verräter in ihrem Fall zermalmt. Ich drehte mich um und stürzte mich auf den Mantel, in dem sich, wie ich wusste, das Paket befand, riss ihn mit meinem Schwert auf und rannte den Gartenweg hinauf zu meinem Motorrad, das oben auf der Straße wartete. Ich hatte allen Grund zur Eile; aber ich floh, ohne auf die Statue und den Körper zurückzublicken; und ich glaube, das, wovor ich geflohen bin, war der Anblick dieser entsetzlichen Allegorie.

„Dann habe ich den Rest getan, was ich tun musste. Die ganze Nacht bis in den Morgengrauen und das Tageslicht hinein summte ich wie eine Kugel durch die Dörfer und Märkte Südenglands, bis ich zum Hauptquartier im Westen kam, wo es Probleme gab. Ich war gerade noch rechtzeitig. Ich konnte den Ort sozusagen mit der Nachricht anbringen, dass die Regierung sie nicht verraten hatte und dass sie Unterstützung finden würden, wenn sie nach Osten gegen den Feind vorstoßen würden. Wir haben keine Zeit, Ihnen alles zu erzählen, was passiert ist; aber ich sage dir, es war der Tag meines Lebens. Ein Triumph wie bei einem Fackelzug, mit Fackelscheinen, die Feuerbrände hätten sein können. Die Meutereien ließen nach; die Männer von Somerset und den westlichen Grafschaften strömten auf die Marktplätze; die Männer, die mit Arthur starben und Alfred standhaft standen. Die irischen Regimenter versammelten sich nach einer Szene, die einem Aufstand ähnelte, zu ihnen und marschierten ostwärts aus der Stadt, singend Fenian-Lieder. Es gab alles Unverständliche über das dunkle Lachen dieses Volkes, über die Freude, mit der es, selbst als es mit den Engländern zur Verteidigung Englands marschierte, aus vollem Hals schrie: „Hoch oben stand der Galgenbaum." die edlen Drei. . . Mit der grausamen Schnur Englands um sich geworfen.' Der Refrain lautete jedoch „God save Ireland", und das hätten wir alle auf die eine oder andere Weise in diesem Moment singen können.

„Aber meine Mission hatte noch eine andere Seite. Ich trug die Pläne der Verteidigung; und zu einem großen Teil, zum Glück, auch die Pläne der Invasion. Ich werde Sie nicht mit strategischen Fragen beunruhigen; aber wir wussten, wohin der Feind die große Batterie vorgedrungen hatte, die alle seine Bewegungen verdeckte; und obwohl unsere Freunde aus dem Westen kaum rechtzeitig eintreffen konnten, um die Hauptbewegung abzufangen, könnten sie in große Artilleriereichweite der Batterie gelangen und sie beschießen, wenn sie nur genau wüssten, wo sie sich befindet. Das konnten sie kaum sagen, es sei denn, jemand hier in der Nähe sendete irgendein Signal. Aber irgendwie stelle ich mir eher vor, dass es jemand tun wird."

Damit stand er vom Tisch auf, und sie bestiegen wieder ihre Maschinen und gingen ostwärts in die zunehmende Abenddämmerung. Die Ebenen der Landschaft wiederholten sich in flachen Streifen schwebender Wolken, und die letzten Farben des Tages hingen am Kreis des Horizonts. Immer weiter hinter ihnen verschwand der Halbkreis der letzten Hügel; und ganz plötzlich sahen sie in der Ferne die dunkle Linie des Meeres. Es war kein leuchtend blauer Streifen, wie sie ihn von der sonnigen Veranda aus gesehen hatten, sondern ein unheimliches und rauchiges Violett, ein Farbton, der bedrohlich und dunkel wirkte. Hier stieg Horne Fisher noch einmal ab.

„Den Rest des Weges müssen wir gehen", sagte er, „und das letzte Stück muss ich alleine gehen."

Er bückte sich und begann, etwas von seinem Fahrrad abzuschnallen. Es war etwas, das seinen Begleiter die ganze Zeit über verwirrt hatte, obwohl ihn andere, interessantere Rätsel aufwirften; Es schien sich um mehrere zusammengeschnallte und in Papier eingewickelte Stangenlängen zu handeln. Fisher nahm es unter den Arm und begann, sich einen Weg über den Rasen zu bahnen. Der Boden wurde immer unruhiger und unregelmäßiger und er ging auf eine Ansammlung von Dickichten und kleinen Wäldern zu; Die Nacht wurde jeden Augenblick dunkler. „Wir dürfen nicht mehr reden ", sagte Fisher. „Ich werde dir zuflüstern, wenn du anhalten sollst. Versuchen Sie dann nicht, mir zu folgen, denn das wird nur die Show verderben; Ein Mann kann kaum sicher zur Stelle kriechen, und zwei würden mit Sicherheit erwischt werden."

„Ich würde dir überallhin folgen", antwortete March, „aber ich würde auch anhalten, wenn das besser ist."

„Das weiß ich", sagte sein Freund mit leiser Stimme. „Vielleicht bist du der einzige Mann auf dieser Welt, dem ich jemals richtig vertraut habe."

Ein paar Schritte weiter kamen sie an das Ende eines großen Bergrückens oder Hügels, der sich monströs vor dem trüben Himmel abhob; und Fisher blieb mit einer Geste stehen. Er ergriff die Hand seines Begleiters, drückte sie mit heftiger Zärtlichkeit und stürzte dann in die Dunkelheit. March konnte seine Gestalt schwach im Schatten des Bergrückens entlangkriechen sehen, dann verlor er sie aus den Augen, und dann sah er sie wieder zweihundert Meter entfernt auf einem anderen Hügel stehen. Neben ihm stand eine einzigartige Erektion, die offenbar aus zwei Stäben bestand. Er beugte sich darüber und da war ein Lichtstrahl; Alle Schulerinnerungen von March erwachten in ihm, und er wusste, was es war. Es war der Stand einer Rakete. Die verwirrten, widersprüchlichen Erinnerungen hielten ihn noch immer gefangen, bis zu dem Moment, als ein heftiger, aber vertrauter Ton erklang; Und einen Augenblick später verließ die Rakete ihren Sitz und stieg in den endlosen Weltraum auf wie ein sternenübersäter Pfeil, der auf die Sterne zielte. März dachte plötzlich an die Zeichen der letzten Tage und wusste, dass er den apokalyptischen Meteor eines Jüngsten Gerichts vor sich hatte.

Weit oben im unendlichen Himmel sank die Rakete herab und sprang in scharlachrote Sterne. Für einen Moment war die ganze Landschaft bis zum Meer und zurück zum Halbmond der bewaldeten Hügel wie ein See aus rubinrotem Licht, von einem seltsam satten und herrlichen Rot, als wäre die Welt eher in Wein als in Blut oder die Erde getränkt waren ein irdisches Paradies, über dem der heitere Augenblick des Morgens für immer ruhte.

„Gott schütze England!" rief Fisher mit einer Zunge wie der Klang einer Trompete. „Und nun liegt es an Gott, zu retten."

Als die Dunkelheit wieder über Land und Meer sank, ertönte ein weiteres Geräusch; Weit entfernt in den Hügelpässen hinter ihnen redeten die

Kanonen wie das Bellen großer Hunde. Etwas, das keine Rakete war, das nicht zischte, sondern kreischte, flog über Harold Marchs Kopf hinweg und breitete sich über den Hügel hinaus zu Licht und ohrenbetäubendem Lärm aus, der das Gehirn mit unerträglicher Brutalität des Lärms erschütterte. Ein weiterer kam, und dann noch einer, und die Welt war voller Aufruhr, vulkanischem Dampf und chaotischem Licht. Die Artillerie des Westlandes und die Iren hatten die große feindliche Batterie entdeckt und zerschmetterten sie.

In der wahnsinnigen Aufregung dieses Augenblicks spähte March durch den Sturm und suchte erneut nach der langen, schlanken Gestalt, die neben dem Raketenständer stand. Dann erleuchtete ein weiterer Blitz den gesamten Bergrücken. Die Figur war nicht da.

Bevor das Feuer der Rakete vom Himmel erloschen war, lange bevor die ersten Kanonenschüsse von den fernen Hügeln erklangen, war aus den verborgenen Schützengräben des Feindes ein Schwall Gewehrfeuer aufgeblitzt und zuckend gewesen. Etwas lag im Schatten am Fuße des Bergrückens, so steif wie der Stab der abgestürzten Rakete; und der Mann, der zu viel wusste, wusste, was wissenswert ist.

www.ingramcontent.com/pod-product-compliance
Lightning Source LLC
Chambersburg PA
CBHW051447130726
47987CB00005B/2226